小龄听障儿童全领域亲子游戏课程建构与实施

主 编 沈 敏

苏州大学出版社

图书在版编目（CIP）数据

小龄听障儿童全领域亲子游戏课程建构与实施 / 沈敏主编. -- 苏州 : 苏州大学出版社, 2025. 4. -- ISBN 978-7-5672-5092-5

Ⅰ. G762.2

中国国家版本馆 CIP 数据核字第 20255HX517 号

书　　名： 小龄听障儿童全领域亲子游戏课程建构与实施
Xiaoling Tingzhang Ertong Quanlingyu Qinzi Youxi Kecheng Jiangou Yu Shishi

主　　编： 沈　敏
责任编辑： 何　睿
装帧设计： 吴　钰

出版发行： 苏州大学出版社(Soochow University Press)
社　　址： 苏州市十梓街1号　**邮编：** 215006
印　　刷： 江苏凤凰数码印务有限公司
邮购热线： 0512-67480030
销售热线： 0512-67481020

开　　本： 787 mm×1 092 mm　1/16　**印张：** 14　**字数：** 283 千
版　　次： 2025 年 4 月第 1 版
印　　次： 2025 年 4 月第 1 次印刷
书　　号： ISBN 978-7-5672-5092-5
定　　价： 42.00 元

图书若有印装错误,本社负责调换
苏州大学出版社营销部　电话：0512-67481020
苏州大学出版社网址　http://www.sudapress.com
苏州大学出版社邮箱　sdcbs@suda.edu.cn

编写人员名单

主　编：沈　敏

副主编：李永勤　林海英

编　者：陈　璟　孙　莉　孙文文

王　超　吴荣秀　易海燕

前言

婴幼儿期（0~3 岁）的听力残疾严重影响儿童的身心健康发展。早期发现、早期诊断和早期干预可以极大程度地促进听力障碍儿童（简称“听障儿童”）的健康发展。随着我国听力语言康复工作中康复对象的小龄化，探索符合 0~3 岁小龄听障儿童及其家庭需要的康复服务模式及课程成为我国听力语言康复工作中的热点。上海市特殊儿童康复中心开展听力语言康复服务工作 20 多年，积累了丰富的实践经验。中心于 2019 年提出针对小龄听障儿童的 i-GAS 听障儿童早期康复服务模式，即以全面发展为基础，以核心障碍为康复重点，提倡在个性化（individual）分析、支持听障儿童及其家庭的基础上，关注听障儿童各领域综合（general）发展，并提供针对性听觉口语（auditory-verbal）和言语语言（speech-language）康复服务。i-GAS 听障儿童早期康复服务模式的提出丰富了我国听力语言康复领域中关于小龄听障儿童早期康复的实践，得到了业内同行的广泛认可。

小龄听障儿童全领域亲子游戏课程是 i-GAS 听障儿童早期康复服务模式中的一种重要课程形式。课程尊重儿童身心发展规律及个体差异，结合 0~3 岁小龄听障儿童的身心发展特点及发展需要，开设发展性课程和功能性课程，以亲子团体游戏为主要课程实施形式，在课程实施过程中渗透以家庭为中心的服务理念，注重家长指导和提升亲子互动质量，从而促进小龄听障儿童获得最符合正常生理发育的发展。

本书聚焦全领域亲子游戏课程的具体实践。全书共三章，第一章主要回顾了听障儿童早期康复教育及我国小龄听障儿童早期康复课程及模式的发展现状；第二章为小龄听障儿童全领域亲子游戏课程建构与实施内容，主要介绍全领域亲子游戏课程的理论基础、课程特色、课程理念、课程目标、课程结构、课程实施及课程评价；第三章为小龄听障儿童全领域亲子游戏课程教学示范活动，共收录了 128 篇教学示范活动内容，为专业人员开展课程实践提供了参考。

随着国家政策的不断完善，新生儿听力筛查逐渐普及，辅听设备及康复教育技术得以不断发展，我国 0~3 岁听障儿童的早期康复服务需求不断增加，但可参考的相关实践课程并不多，尤其是如何将以家庭为中心的早期干预理念具体运用到康复课程的实践中，仍然需要进一步的探索。期待本书的出版可以为听力语言康复领域中的实践者们带来一些启迪，为小龄听障儿童早期康复领域的高质量发展添砖加瓦。

本书中存在的疏漏和不妥之处，恳请同行们不吝指正。

编　者

2025 年 2 月

目录

第一章

小龄听障儿童全领域亲子游戏课程建构与实施背景

听力残疾是指由各种原因导致双耳不同程度的永久性听觉障碍，听不到或听不清周围环境声及言语声，进而影响日常生活和社会参与。据 2006 年第二次全国残疾人抽样调查显示，我国有听力语言残疾人约 2 780 万人，其中 0~6 岁的听力残疾儿童约 13.7 万人，0~17 岁儿童的听力障碍患病率为 17.49/10 000。自 1988 年起，听力残疾的早期干预作为一项抢救性工作纳入国家计划，并提出了“早发现、早诊断、早干预”三项原则。经过三十多年的发展，我国听力残疾儿童早期发现、诊断及干预的服务体系、技术体系和政策体系逐步完善。在训听障儿童也逐年增多，据中国残疾人联合会网站统计数据显示，2022 年全国接受基本康复服务的持证 0~6 岁残疾儿童达 341 154 人，全国听力语言康复机构约有 1 919 个。

第一节　听障儿童早期干预及康复教育发展现状

听觉是人类感知世界、学习语言、发展认知能力的有效途径。儿童处在身心发展的关键时期，听力障碍会严重影响其言语、语言功能发育，以及认知、情感、社交等多领域的发展。早发现、早诊断和早干预是环环相扣的重要链条，是确保听障儿童获得有效干预并取得最佳效果的重要保障。世界卫生组织（World Health Organization，WHO）提出确保听障儿童获得最佳康复成效的关键要素有：早期发现，合适的听力技术干预，在儿童的沟通、学习和教育方面的专业支持，以及以家庭为中心的干预模式。近年来，随着新生儿听力筛查、辅听设备及康复教育技术的发展，听障儿童的早期康复教育情况及康复成效均呈现出了与以往不同的面貌。

一、听障儿童早期干预项目的实施原则

早期的新生儿听力筛查、听力辅助（如助听器验配及人工耳蜗植入等），以及早期干预项目为听障儿童的发展提供了很大的支持。诸多研究表明，听障儿童经过科学的早期干预，可以得到较好的发展，尤其是在语言发展方面。但研究表明，听障儿童的早期康复成效呈现出很大的个体差异，而是否尽早佩戴合适的辅听设备、是否尽早参与早期干预课程、是否伴随其他障碍、听力损失程度、儿童的非言语智力及母亲的受教育程度等被认为是影响个体康复成效的显著因素。总体而言，早发现、早诊断及早干预对提升听障儿童康复成效的作用十分显著。如何进一步完成听障儿童的早期诊断和干预体系，从而进一步促进所有听障儿童的身心全面发展，这依然是听力语言康复各领域专业人员在持续探索的问题。为此，专家学者们对听障儿童的康复成效及影响因素进行了大量研究，并根据研究结果对如何为听障儿童及其家庭提供高质量的早期干预服务形成了一系列共识和指导意见，总体可以归纳为以下两个原则。

（一）尽早开展早期干预

大量研究表明，是否尽早开展早期干预是影响听障儿童康复成效的重要因素。例如，有研究表明，若听障儿童在出生后6个月内接受干预，其在5岁时的语言发展可达到健听儿童的水平。一项多中心、大样本的长期跟踪研究也表明，及早干预是提升听障儿童康复成效的关键因素，越早适配辅听设备与听障儿童更高的整体语言得分相关，且对于佩戴助听器的儿童而言，听力损失程度越重，晚适配助听器的影响就越大。因此，尽早开展早期干预是国内外听力语言康复领域中的共识。国际上多个新生儿听力筛查指南均指出，为使听力障碍的婴幼儿获得最好的康复结果，所有婴儿应该在出生后1个月内进行听力筛查；筛查未通过的婴儿最迟应该在出生后3个月内接受全面的听力学评估；诊断为听力损失的患儿，最迟应该在出生后6个月内接受适当的干预。我国《新生儿听力筛查技术规范》（2010版）的修订版中也指出，所有婴儿应在出生后3～5天内完成听力初筛，42天内进行复筛；所有筛查未通过的婴儿，最迟应在出生后3个月内接受全面的听力学评估；所有确诊为永久性听力损失的婴儿都应在诊断之后尽快接受早期干预服务和康复训练并进行效果评估，最迟不能超过6月龄。

（二）以家庭为中心的早期干预

以家庭为中心的早期干预被认为是听障儿童早期干预的最佳实践。“以家庭为中心”的概念是20世纪60年代由布朗芬布伦纳（Urie Bronfenbrenner）首次提出，旨在将以往以儿童为中心的早期干预理念转向与儿童的家庭合作，并给家庭提供专业支持。以家庭为中心的早期干预实践的目标是为家庭赋能。

Bronfenbrenner 假定只有当父母得到了必要的支持，让他们能够有时间和精力承担服务的责任，他们才能以促进儿童发展的方式与儿童进行互动。

2013 年，国际上的一些专家学者就如何为听障儿童提供最佳的以家庭为中心的早期干预达成了一份国际共识。该共识提出了以家庭为中心的早期干预实践的 10 条原则。

原则 1：尽早、及时和公平地获得服务。听障儿童早期筛查和诊断工作应与立即、及时和公平地获得适当早期干预相关联，从而发挥最大的效益。

原则 2：家庭与早期干预服务提供者之间的伙伴关系。以家庭为中心的早期干预的目标之一是平衡家庭和给其提供支持的专业人员之间的关系。家庭与早期干预服务提供者之间的关系是互惠、互相信任、尊重、诚实、共同承担及开放沟通的。

原则 3：知情选择和做决策。专业人员要致力于促进家庭获得足够的知识、信息和经验，从而使家庭可以在充分知情基础上做出决定。这包括对家庭进行关于特殊教育法和这些法律所规定的权利的宣教。做决策对于家庭而言是一个持续的过程，家庭可以根据孩子和家庭的能力、需求、情绪、健康状况和早期干预服务进展来调整或改变决策。

原则 4：家庭、社会和情感支持。家庭与他们的支持系统相联结，从而让他们可以获得必要的知识和经验以有效地代表他们的听障孩子。

原则 5：家长与儿童的互动。家庭和专业人员要一起创设最佳的语言学习环境。

原则 6：使用辅助技术和促进沟通的方法。专业人员必须熟练掌握必要的工具、辅助设备及技术，以最佳地支持儿童的语言和沟通发展。

原则 7：合格的专业人员。专业人员接受过良好的培训，具备与听障儿童及其家庭一起工作的专业知识和技能。专业人员具备支持家庭促进儿童发展，以及提升儿童和家庭幸福感的核心能力。

原则 8：团队协作。最佳的以家庭为中心的早期干预团队聚焦于家庭，包括在促进听障儿童早期发展方面具有丰富经验的专业人员。通过跨学科的团队合作，向家庭和儿童提供持续的支持。

原则 9：发展监控。应定期开展儿童及家庭评估，以评估结果指导以家庭为中心的早期干预项目实施。

原则 10：项目监控。以家庭为中心的早期干预项目需要评估专业人员对最佳实践原则的遵守情况，包括对所有项目元素实施质量监控。

另有学者根据目前的研究，构建了一个多学科的、以家庭为中心的听障儿童干预理论模型，论证了以家庭为中心的早期干预服务模式的科学性，分析了家庭资源、家长的压力应对方式、家长的身体健康状况、儿童的特点及亲子互动与儿童发展之间的关系。在该模型中，亲子互动对儿童各方面的发展起着十分关键的作用，其假设良好的亲子互动通过影响儿童社会沟通能力的发展进而影响儿童其他各方面的发展。

虽然目前国内外学者和研究均认同以家庭为中心的早期干预理念，并形成了一系列的干预项目实施原则，但各国的国情及早期听力语言康复工作的实施现状存在差异。目前我国听障儿童早期干预实施的地点主要仍在专门的机构里，如何将以家庭为中心的早期干预理念具体运用到康复课程的建构和实践中仍然需要做进一步的探索。

二、我国听障儿童早期康复教育情况

儿童听力语言康复模式是基于儿童听力语言康复相关理论建立起来的，从实践出发，经概括、归纳、综合提出较稳定的框架和程序。康复方法则是为了达到一定的康复目的而选择的康复方式、途径和手段。一般说来，康复模式较为概括、抽象，而康复方法则较为详细、具体。在我国，以中国残疾人联合会（简称“中国残联”）和各省市残联下属的听力语言康复机构为主线建立起来的各级听力语言康复网络为听障儿童的早期康复教育提供了重要保障。其中，中国听力语言康复研究中心作为我国唯一一所国家级听力语言康复机构，是全国听力语言康复工作的技术资源中心和行业管理机构。近二十年来，在中国听力语言康复研究中心的带领下，我国听障儿童的康复模式及方法逐渐趋于成熟和完善。

中国听力语言康复研究中心于2011年在全国范围内实施了听障儿童全面康复教育改革，推行全面康复模式。该模式紧紧围绕听障儿童全面发展的核心目标，依据听障儿童康复的基本原则，建构起以学前教育为基础，以听力干预、听觉言语训练、言语矫治等专项技术为支撑的听障儿童全面康复模式。其中学前教育通过课程的实施，满足听障儿童对安全与健康、关爱与尊重的基本需要，促进听障儿童情感、态度、认知能力等各方面的发展，为听障儿童全面发展奠定基础，并通过语言教学和丰富的同伴、师生交流活动提高听障儿童的言语交流能力；听力干预、听觉言语训练、言语矫治等着力发展听障儿童的听、说能力，克服其功能障碍，为实施学前教育创造前提和基础。在教育改革过程中，中国听力语言康复研究中心开展了教学示范教材编写与推广、康复教学档案规范等各项工作，使得我国的听障儿童康复及教育工作趋向规范和高质量发展。

此外，中国听力语言康复研究中心将听觉口语法（auditory-verbal therapy，AVT）列为听障儿童全面康复服务模式中实施听觉言语康复训练的主要方法之一，在全国听力语言康复教育改革项目中推广应用。听觉口语法指在助听设备等科技手段的帮助下，教导听障儿童学习听声音、听懂口语并开口说话，成为一个听觉的学习者，最终成功融入社会的教学法。相比其他运用多种感官获得沟通能力的康复方法，听觉口语法强调早期的听觉干预及有效的听能管理，确保听障儿童运用听觉学习口语交流，重视听力师、听觉口语师及听障儿童家长的紧密合作，尤其强调家长的深度参与，指导和培训父母成为听障儿童口语发展的首要促进者。中国听力语言康复研究中心与台湾雅文儿童听语文教基金会共同探索了适合在我国推广的中文听觉口语法培训课程，通过听力语言康复专业人员轮训、听觉口语教师认证及培训、课程教学质量督导、教师进修与教育教研等途径，培养基层机构听觉口语师。

第二节 我国小龄听障儿童早期康复课程及模式的发展现状

随着我国听力语言康复工作中康复对象的小龄化，听力语言康复机构也积极探索符合小龄听障儿童及其家庭需要的康复服务模式，其中以家庭为中心的服务模式和课程也逐步兴起。

一、小龄听障儿童早期康复课程及模式相关探索

中国听力语言康复研究中心探索和开展了听障儿童个别化家庭培建计划。听障儿童个别化家庭培建计划模式把听障儿童、家长和家庭环境都看成是应该被干预的对象，强调家长是营造和改善家庭环境、影响和促进听障儿童行为养成与建立的核心且活跃的要素。具体课程结构以针对家长的“尽职教育培训课程”为核心，以“亲子教学活动”“入户活动指导”和“社会参与活动”3个子课程为实践检验平台，以针对听障儿童特殊需要的“必要支持康复课程”为支撑。其中尽职教育培训课程主要针对0~3岁听障儿童家长设置，是以帮助家长获得在儿童养育、听力语言康复方面应知应会的基本知识和技能为目的的课程。亲子教学活动课程主要针对0~3岁听障儿童个体设置，课程结构包含健康领域、语言领域、科学领域、社会领域和艺术领域的亲子活动互动课程。入户活动指导课程主要针对0~3岁个体听障儿童家庭设置，是以帮助家长结合自家环境特点和儿童个体康复发展需要，自行制订个别化养育、康复计划并独立顺畅执行该计划为目的的课程。社会参与活动课程主要针对0~3岁听障儿童家庭设置，旨在观察儿童个体或家长个体在参与集体生活中的沟通与交往的行为表现，是以培养和提升其社会参

与意识和社会参与能力为目的的集体活动课程。必要支持康复课程主要是以满足0~3岁听障儿童的特殊需要或强化、改善某一方面基本技能为目的的矫正性或治疗性课程。而在具体实施过程中，各康复机构可根据自身的情况进行适宜的选择和调整。目前，有一些研究采用个别化家庭培建计划对小龄听障儿童家庭进行干预，结果表明干预后小龄听障儿童的听觉语言能力进步更为明显，康复效果更加显著。

此外，浙江省儿童早期干预中心开展0~3岁小龄听障儿童康复教学实践，形成了一套基于生活经验、开展情境实践、乐于游戏体验、实现全面康复的0~3岁小龄听障儿童生活课程。生活课程的构建基于生活教育理论，如生活即教育理论、早期教育理论和听障儿童全面康复理论等。小龄听障儿童生活课程内容与实施包含三方面：一是亲子集体生活课程，是以集体康复形式开展的生活整合课程，注重生活课程的全面性，提倡一日活动皆课程的理念；二是亲子一对一生活课程，是以一对一形式开展的听觉言语个别化训练课程，在家庭情境中模拟教室、“爬爬游戏室”进行生活环境互动，提高听障儿童听觉言语能力；三是亲子小组生活课程，是以3人小组合作模式开展的小组康复课程，注重合作体验、同伴互动，促进听障儿童情感和社交能力的发展。

二、i-GAS听障儿童早期康复服务模式简介

本书提出的小龄听障儿童全领域亲子游戏课程是i-GAS听障儿童早期康复服务模式中的一种课程形式。i-GAS听障儿童早期康复服务模式是上海市特殊儿童康复中心于2019年针对小龄听障儿童提出的服务模式，即以全面发展为基础，以核心障碍为康复重点，提倡在个性化（individual）分析、支持听障儿童及其家庭的基础上，关注听障儿童各领域综合（general）发展，并提供针对性听觉口语（auditory-verbal）和言语语言（speech-language）康复服务。其中，个性化分析注重以人为本，尊重每一个独立个体在发展过程中的共性和差异性。在对每一个听障儿童进行全面、系统了解的基础上，对其发展中的需求进行科学、精准的评估分析，为其量身定制最适合的个性化服务与支持，具体包括家庭生态系统分析与支持和听力学分析与支持两方面内容。在听觉口语方面，中心为0~3岁听障儿童开设了听觉口语教学课程。课程内容涵盖听觉、语言、认知、言语和沟通五大领域，将教学渗透在自然且有意义的情境中，通过会话式的互动，让听障儿童学习倾听、说话及交际，促进听障儿童听觉语言能力的发展。在言语语言康复方面，中心为听障儿童设置了亲子言语团体课程，将听障儿童及其家长共同作为康复训练的对象，通过亲子同训的模式，使听障儿童家长能进一步了解儿童的言语发展特点和规律，掌握基础的言语语言康复知识和技巧，并在家庭康复中予以运用。

全领域亲子游戏课程的实施则旨在促进听障儿童的全领域发展。全领域亲子游戏课程分为发展性课程和功能性课程两类，以亲子团体游戏为主要课程实施形式，课程实施过程中渗透以家庭为中心的理念，注重家长指导和提升亲子互动质量，以促进小龄听障儿童获得全面、适宜的发展。

第二章

小龄听障儿童全领域亲子游戏课程建构与实施内容

第一节　课程理论基础与课程特色

一、课程理论基础

WHO 于 2001 年正式颁布了《国际功能、残疾和健康分类》（International Classification of Functioning，Disability and Health，ICF）。ICF 作为全球性和通用的关于功能、残疾和健康分类的术语、分类和编码标准，已广泛应用于残疾统计和社会服务相关领域。该理念的核心概念是：个体在特定领域的功能是健康状态和背景性因素（环境和个人因素）间交互作用和复杂联系的结果，干预一个方面可能导致一个或多个方面的改变。ICF 为多学科合作奠定了理论基础，并且提供了统一的功能定义、标准化的术语和评估与干预方法，包括相关的编码，为多学科团队的合作提供了工具。全领域亲子游戏课程的建构注重多学科的合作，以学前教育为基础，关注听障儿童认知、语言、社会性、运动等领域的发展，从听力学、听觉语言康复、言语矫治等多学科介入，关注听障儿童听觉及语言康复。在融合教育和特殊教育情景下，利用 ICF 进行持续的教育评估和检测，对提升特殊儿童教育康复效果至关重要。ICF 提供了一个全面的框架，可用于评估和监测特殊儿童在教育和康复过程中的进步。全领域亲子游戏课程实施过程中，各学科教师和家长定期使用 ICF 框架评估听障儿童的功能、活动和参与情况，及时调整教育计划和教育策略，满足听障儿童最新的发展需求。

苏联著名心理学家 Bronfenbrenner 于 20 世纪 70 年代提出了社会生态系统理

论，将生态环境看作一个环环相扣的结构，主要包含微观系统、中间系统、外层系统和宏观系统。微观系统是指个体生活环境中的人、事、物，如家庭成员、邻居、同伴等；中间系统是个人与家庭之间、家庭与学校之间、家庭与社区之间的关系和联结；外层系统是指相关的福利政策、教育方案、邻里、家庭社会网络、家长的工作和就业政策等；宏观系统是指社会、文化信仰与价值观。为此，在听障儿童早期干预中需要优化机构及家庭康复环境，加强康复机构与家庭的联系，开展各类社会融合活动及宣传活动，调动生态系统中的各层次环境及人员来共同关注听障儿童发展，促进听障儿童的康复与成长，让听障儿童体验到自尊、自信和乐观的态度。

在 ICF 与 Bronfenbrenner 的社会生态系统理论的指导下，上海市特殊儿童康复中心于 2019 年提出针对小龄听障儿童的 i-GAS 听障儿童早期康复服务模式，全领域亲子游戏课程则是 i-GAS 服务模式中的一种重要课程形式。

二、课程特色

（一）课程关注儿童的全领域发展

2001 年联合国大会儿童特别会议将“每个儿童有权拥有最佳人生开端”作为 21 世纪各国都应关注的教育发展的首要目标。听障儿童首先是儿童，其次才是有听力障碍的儿童。听障儿童的发展遵循儿童发展的基本规律和发展历程，也有和所有儿童一样的普遍性的发展需求。

近年来，心理学家和教育家一致认为，0~3 岁是认知发展、人格培养最重要的时期，在这个时期，婴幼儿的大脑发育迅速，支配孩子一生的思维和行为方式正处于形成阶段，这个时期也是孩子价值观形成的基础阶段。因此，在关注听障儿童的保育之外，还应关注他们在动作、认知、情感、社会交往等各方面的发展。为了最大限度地满足儿童的全面发展需要，发挥儿童潜能，依据《上海市 0~3 岁婴幼儿教养方案》，上海市特殊儿童康复中心为听障儿童设计开展了全领域亲子游戏课程。“全领域”即追求儿童的全面发展，课程设计包含“感知与运动”“认知与语言”“情感与社会性”“听能及言语”四个领域。“感知与运动”中的感知是指感知觉，包括触觉、视觉、听觉、嗅觉、味觉等，运动是指大运动能力和精细运动能力的发展。“认知与语言”中的认知包含注意、记忆、学习、思维和想象等能力的发展，语言包含语音、语义、语法、语用能力的发展。“情感与社会性”中的情感是指儿童的情绪、情感，社会性是指自我意识和社会交往能力的发展。“听能及言语”中的听能是引导听障儿童察知、分辨、识别、理解生活中常见声音，言语是引导听障儿童自然地发展基础的呼吸能力、发声能力、构音能力及口部运动能力。

总体而言，全领域亲子游戏课程尊重儿童身心发展规律及个体差异，结合正常儿童年龄特点与听障儿童的发展需要，提供适宜的刺激，充分利用日常生活与游戏中的学习情景开启潜能、促进发展。

（二）课程注重家长的深度参与

3 岁以上的儿童开始与同伴在一起游戏，而 3 岁以下的儿童则主要通过与成人的相处学习技能。3 岁以下听障儿童的课程，需要更多的成人支持与互动。听障儿童亲子课程的成效很大程度上取决于成人与听障儿童的互动方式。但听障儿童早期语言及社会能力的发育迟缓，如语言表达较少等，为亲子互动带来了一些挑战，影响亲子互动质量。尤其健听家长在与听障儿童的亲子互动过程中表现出更多的结构化及单方面的互动，且语言输入也以指令式为主，表现出低敏感度和较少的回应等。亲子互动质量不佳除了影响听障儿童的早期发展，也进一步加剧了听障儿童父母的早期亲职困难，影响其亲职效能感。因此，全领域亲子游戏课程注重对家长的有效指导，关注亲子游戏和互动的方式，科学引导家长与孩子进行高质量的亲子游戏，促进听障儿童、家长、教师的共同成长。

（三）课程以游戏为载体

游戏不仅能满足儿童身心发展的需要，还对儿童的身体、认知、社会性和人格等各方面发展具有积极且全面的促进作用。高质量的家庭亲子游戏对促进儿童的发展具有重要意义。婴儿游戏特别是家庭亲子游戏对婴儿认知、社会性、情绪情感等方面的发展及未来游戏力的获得具有重要影响。在听障儿童早期康复中，亲子互动显得尤为重要。听障儿童的早期社会互动经验及语言经验对其后续社会性及语言发展的意义显著。因此，在特殊儿童的早期干预中，游戏是重要的媒介和载体。全领域亲子游戏课程以游戏为载体，让听障儿童在游戏中获得感官体验、学习倾听、体验发音的乐趣、体验亲子互动及同伴互动的快乐。

第二节　课程理念与课程目标

一、课程理念

上海市特殊儿童康复中心，作为特殊教育事业的载体，秉持“润心、悦听、乐言、有爱”的课程理念，致力于听力语言康复事业，为每一位听障儿童提供最为适宜的康复服务，帮助他们早日康复，快乐成长。

“润心”——中心以听障儿童的全面发展为目标，为听障儿童创造一个充满关爱和理解的环境，让他们在情感上得到滋养，帮助他们建立积极的自我认知和自尊心，拥有丰富的内心世界。“悦听”——中心了解每一位听障儿童的个性化需求，遵循个体的成长规律和学习风格；感知每一个家庭的心声，尊重每个家庭的生态环境和教养风格；为每一位听障儿童创造自然聆听的情境和快乐的康复环境，帮助他们逐步学会使用辅听设备察觉、分辨、辨识及理解各种声音，最大限度利用听觉潜能，为语言及各领域发展奠定基础。“乐言”——中心倡导通过早期介入和康复，帮助听障儿童学会口语交流，乐于表达，自信交往；创设轻松愉悦的康复氛围，让听障儿童在生活情境中与同伴及教师自然交流，学会聆听他人，表达自己，为他们走入学校和社会奠定良好开端。“有爱”——中心以满足听障儿童获得爱与尊重为核心，通过各种形式让听障儿童感受来自家人、教师、社会各界人士对他们的关怀与帮助；以游戏为载体，支持听障儿童大胆尝试、亲身体验、勇于探索，引导听障儿童学会爱自己、爱他人、爱自然、爱社会，享受幸福的童年。

二、课程目标

全领域亲子游戏课程为听障儿童创设丰富的游戏机会，让听障儿童体验亲子游戏的快乐，同时获得感官体验、社会交往、认知、语言等各方面的发展，使其潜在优势功能得以发挥，听力语言功能得到康复，让他们成为更幸福的儿童。同时，课程引导家长树立康复信心，科学进行家庭康复。

（一）发展性目标

发展性课程尊重儿童身心发展规律及个体差异，结合正常儿童年龄特点与听障儿童教养过程中常见的问题，提供适宜的刺激，充分利用日常生活与游戏中的学习情景开启儿童潜能，促进听障儿童在感觉、动作、认知、言语、情绪、社会性等各方面的发展。

具体目标是发展视觉、听觉、触觉、嗅觉和味觉等感官能力；积极活动，锻炼听障儿童的大肌肉和小肌肉力量，提高身体的协调性和平衡感；鼓励听障儿童发声、模仿和使用语言；帮助听障儿童与主要照顾者之间建立安全的依恋关系；初步发展自我意识，包括身体意识和性别认同；了解简单的社交技能，如分享、交流；体验亲子游戏的快乐、满足和成功，促进积极情绪的发展。

（二）功能性目标

听觉训练课程的目标是引导听障儿童察知、分辨、识别、理解生活中常见的声音。初步感知声音的有无、声音的起止，初步分辨和识别生活中的动物叫声、普通话四声、低频言语声等，初步理解短句子中的名词、动词。

言语训练课程的目标是引导听障儿童自然地发展基础的呼吸能力、发声能力、构音能力及口部运动能力。初步提升呼吸肌群整体功能、呼气控制能力，放松发声肌群，初步提升响度、音调控制能力，初步提升下颌稳定性、唇运动及舌运动能力，初步掌握单韵母及声母发音方式。

第三节　课程结构

听障儿童的发展遵循儿童发展的基本规律和发展历程，既有一般性发展需求，也有个别发展需求。上海市特殊儿童康复中心秉承听障儿童全面发展观，在中国听力语言康复研究中心引领开展的教学改革经验基础上，以《上海市学前特殊教育课程指南》为指导，坚持遵循儿童发展规律、发挥家长主导作用、医教结合、综合干预等原则，开发了小龄听障儿童全领域亲子游戏课程。课程包含发展性课程和功能性课程两大类，通过多元化的亲子游戏课程，寓教于乐，促进听障儿童全面发展。课程结构见图 2-1。

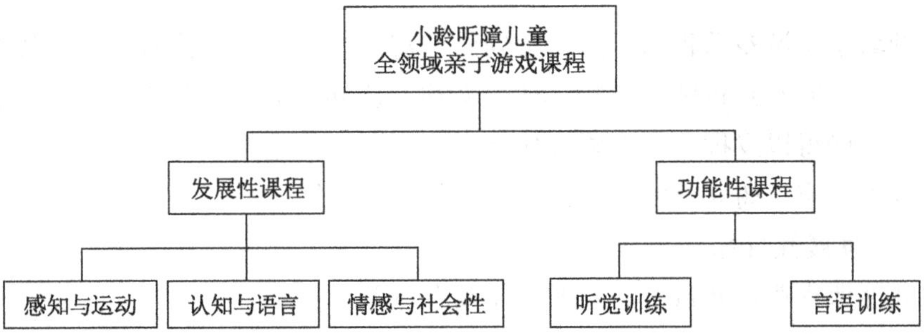

图 2-1　小龄听障儿童全领域亲子游戏课程结构

一、发展性课程

发展性课程是以听障儿童的身心发展特点为依据，与听障儿童的发展水平相匹配的综合性课程，具体包括“感知与运动”“认知与语言”“情感与社会性”三个领域。发展性课程结构见图 2-2。

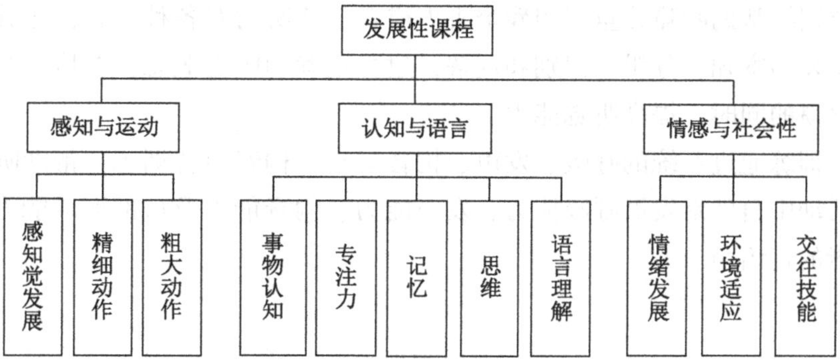

图 2-2 发展性课程结构

“感知与运动”包括感知觉发展、精细动作、粗大动作，旨在帮助儿童在实际生活中不断丰富正确的感知经验，鼓励儿童积极参与运动锻炼，使他们具有良好的身体和心理素质，为进一步发展奠定坚实的基础。

“认知与语言”包括事物认知、专注力、记忆、思维和语言理解，旨在帮助儿童认识并熟悉周围的事物，形成初步的概念，发展记忆力，促进其思维能力的发展，同时创设丰富的语言环境，使儿童能够获取并理解语言和非语言信息，学会运用口语或肢体、表情等表达需求。

“情感与社会性”包括情绪发展、环境适应和交往技能，旨在紧密联系儿童的实际生活，采用情境创设等多种方式，引导儿童正确认识自己的各种情绪，鼓励他们在与同伴和成人的交往过程中，学习调节情绪和人际交往的方法。

二、功能性课程

功能性课程是与听障儿童存在的核心障碍相匹配的康复训练课程，包括听觉训练和言语训练两个领域。功能性课程结构见图 2-3。

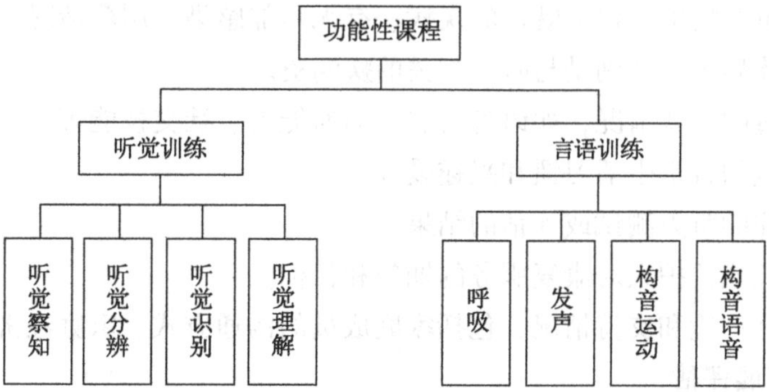

图 2-3 功能性课程结构

听觉训练帮助听障儿童利用残余听力或者重建听力对各种声音，尤其是言语声进行反复的察知、分辨、识别和理解，建立正确的听觉概念，在培养儿童聆听兴趣和习惯的同时，提高听觉能力。

言语训练通过系统的呼吸、发声、构音运动、构音语音训练，帮助听障儿童在游戏活动中自然地发展呼吸能力、发声能力、构音能力及口部运动能力，发出自然清晰的言语声。

第四节 课程实施

一、课程实施流程

小龄听障儿童全领域亲子游戏课程的实施流程包括个案接诊、开展评估及实施课程三部分。与以往的康复模式相比，小龄听障儿童全领域亲子游戏课程更加关注听障儿童的体验与发展，强调家长的深度参与，在充分了解个体需求的基础上，通过游戏化的亲子互动，满足听障儿童的一般性发展和特殊性发展的需求，最终促进听障儿童的全面发展。

（一）个案接诊

个案接诊是课程实施的第一步。在此阶段，专业人员与家长或监护人进行沟通，收集相关资料。家长或监护人需要提供以下信息。

（1）儿童的基本信息，如姓名、年龄、性别等。

（2）关于听力状况的详细描述，包括发现听力问题的时间、听力损失的程度、听力补偿或听力重建情况等。

（3）儿童的病史，包括既往的疾病、有无耳部感染、用药情况等。

（4）家族病史，特别是与听力相关的疾病史。

（5）儿童的发展情况，如语言发展、沟通能力、社交技能等。

（6）儿童的日常生活习惯和兴趣爱好。

（7）以往的听力测试或评估的结果。

（8）家长或监护人对康复服务的期望和目标。

（9）家庭环境和支持情况，包括家庭成员的沟通方式、家庭经济状况等。

（二）开展评估

康复课程的实施成效有赖于全面、精准的康复评估。为了更好地开展小龄听障儿童的康复教学，在课程实施前，对即将受训的儿童通过观察、访谈等方式开展初始评估，了解儿童当前的身心发展水平、听觉能力及言语能力，为后续针对性实施发展性课程和功能性课程提供切实、准确的依据。在课程实施阶段，教师会通过持续性的追踪评估，了解儿童的阶段性能力发展及功能康复的效果，并及时进行课程内容的调整，以促进儿童的能力得到更好的提升。

（三）实施课程

1. 发展性课程

虽然听障儿童听力有损失，但他们在很多方面依然有着和正常儿童一样的发展规律和需求。为了更好地满足听障儿童的发展需要，实施发展性课程时，按照听障儿童的生理年龄设立 1~2 岁及 2~3 岁两个班级，以此尽可能地满足听障儿童的个性化需求，使教学更具针对性。儿童通过参与到与其生理和心理发展阶段相匹配的课程中，更容易产生互动和交流的意愿，有利于培养他们的社交技能和促进其情感发展。此外，按年龄分班有助于教师更好地组织教学资源，准备适合该年龄段的教学材料和活动，在渐进式的教学中帮助听障儿童逐步提高能力，建立自信。

2. 功能性课程

对于听障儿童而言，由于听力损失会造成不同程度的听力障碍和言语障碍，需要通过功能性康复课程来促进其相应能力的发展。在实施功能性课程时，听障儿童会通过“分层式”的形式，进入与自身听觉能力和言语能力相匹配的初阶班或进阶班进行学习。

在“分层式”功能性课程中，教师会依据儿童的听觉能力和言语能力设计针对性的教学计划和活动，满足儿童在听觉及言语领域的发展需求。同时，教师会密切观察儿童的进步程度和反应，根据他们的实际情况进行适时的调整。如果初阶班的儿童在听觉或言语能力上取得了显著进步，且在评估后达到进阶的要求，教师可以考虑将他们调整到进阶班，以接受更具挑战性的训练；反之，如果儿童在原有班级遇到困难，教师可以提供额外的支持和指导，帮助他们克服障碍。

“分层式”教学为听障儿童提供了更加个性化、灵活的康复服务。这种模式能够充分考虑每个听障儿童的差异和需求，帮助他们在听觉能力和言语能力方面取得更大的进步。

二、半日活动实施流程

小龄听障儿童全领域亲子游戏课程是通过半日活动来具体实施的。半日活动包括接待来园、自由活动、发展性课程、生活活动、功能性课程及离园六部分内容。半日活动实施流程见图 2-4。

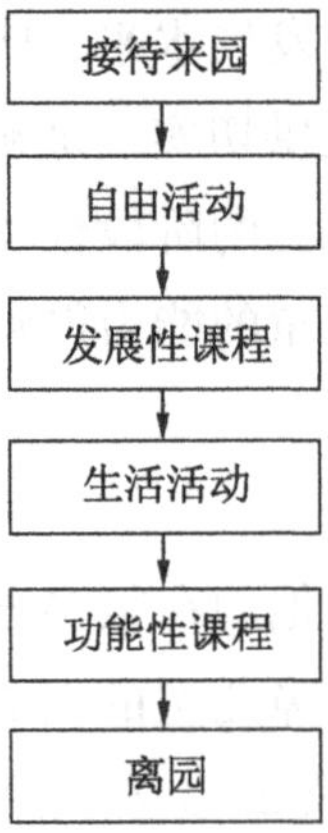

图 2-4　半日活动实施流程

（一）接待来园

（1）晨检：保健老师为听障儿童晨检，了解儿童当日的身体状况；听力师询问、检测助听设备的运行状态；教师与儿童和家长亲切打招呼与问好。

（2）盥洗：用儿歌、律动音乐、卡通图片等形式提示儿童及家长认真洗手，以保证集体活动的卫生与安全。

这一环节的安排能让教师了解到儿童当日的身体和听力准备状况，并让儿童在与不同保教人员的自然互动中感受他人对自己的接纳与亲切，获得与人群亲近的经验，自然地学习到必要的集体生活规则，帮助其顺利适应集体教养环境。

（二）自由活动

自由活动环节的时间为30分钟。在此环节，教师在不同的区域投放听障儿童喜欢的安全而丰富的玩具、半成品材料与原材料，供儿童自由选择、操作探索，让儿童在活动中进一步消除紧张情绪。在这一环节中，家长是主要的指导者，教师是环境的创设者和材料的提供者与支持者。家长引导儿童主动地投入有趣的游戏活动中，并在活动中亲身体验与学习儿童教养的有效方式与方法。教师通过观察，了解不同家长与儿童之间的互动方式，并指导家长与儿童开展高质量的亲子互动。

这一环节的安排尊重听障儿童的个性化学习特点，发挥家长作为儿童“第一任教师”的作用，并在教师的专业指导下，提升亲子交往的质量。

（三）发展性课程

发展性课程活动时间为30分钟。发展性课程依据听障儿童身心发展规律及个体差异，结合正常儿童年龄特点与听障儿童教养过程中常见的问题，从“感知与运动”“认知与语言”“情感与社会性”三个领域提供材料、设计相应的游戏活动，提供适宜的刺激，充分利用日常生活与游戏中的学习情景开启听障儿童的潜能、促进发展。

由于小龄听障儿童的注意力易分散且自我控制能力较弱，不足以适应长时间的集体活动，因此，在课程活动中，将集体活动与分散活动穿插进行。其中集体活动由教师组织儿童和家长共同游戏，分散活动则由家长与儿童进行亲子游戏和互动，教师进行观察和个别指导。

这一环节的安排尊重听障儿童全面发展的需求，发挥家长作为儿童“第一任教师”的作用，并在教师的专业支持和引导下，提升亲子交往的质量。

（四）生活活动

生活活动环节的时间为30分钟。在这个环节，儿童可以自由而安静地休息、吃餐点、喝水，还在使用尿布的儿童可由教师或家长给其更换尿布。根据儿童的年龄，教师指导家长引导适龄儿童学习用杯子喝水，用勺子独立进食，由使用尿布逐步到控制大小便、脱穿裤子、自己洗手等。鼓励儿童与教师、家长及其他儿童进行愉快的交往。

在这一环节中，儿童可以放松和休息，为后一节课程活动做好准备。同时，这个环节强调生活活动的教养价值，既满足了儿童身心健康的需要，又能培养儿童良好的生活习惯和生活自理能力。

（五）功能性课程

功能性课程活动时间为30分钟。功能性课程基于听障儿童的康复需求，借鉴常规亲子课程的组织形式，以儿童听觉能力发展和言语能力发展目标为依据，把听觉能力训练和言语能力训练融入亲子游戏。在功能性课程中，家长是教师教学的协助者，同时又是听障儿童模仿的对象，通过游戏与互动循序渐进地提高听障儿童的听觉能力和言语能力。

在这一环节中，家长可以学习听觉康复与言语康复的知识和技巧，同时也为听障儿童创造了与同伴一起学习的机会。听障儿童通过观察和模仿同伴的行为，自身的听觉、言语学习的积极性和潜能也得到激发。

（六）离园

离园环节中，教师与儿童、家长一一亲切、礼貌地道别。

这一环节也是一个让儿童参与社会交往的自然而良好的机会。离园时，儿童与教师、同伴道别，这有助于培养他们的社交能力和情感表达。有序的离园过程可以帮助儿童养成良好的秩序感和自理能力，让他们学会整理自己的物品，为未来的生活和学习打下基础。

三、课程组织形式

小龄听障儿童全领域亲子游戏课程中各类活动的组织形式分为自由游戏、集体活动和分散活动三种。其中自由活动环节的组织形式为自由游戏，发展性课程活动和功能性课程活动的组织形式为集体活动和分散活动。

（一）自由游戏

自由游戏时，教师的指导是在家长和儿童在各个活动区域自由游戏和互动的时候进行的。在自由游戏中，儿童可以根据兴趣和喜好自由选择游戏材料，家长主要担任陪玩者，教师这时候可以指导家长观察儿童或者交流儿童最近的表现和发展。自由游戏的结构化是最低的。根据观察发现，设立隔离的区域是因为小年龄段的儿童注意力很容易受到干扰。主要的区域包括：建构区、扮演区、阅读区、益智区。

（二）集体活动

集体活动是在教师统一指导下，所有家长带着自己的孩子参与的活动。活动由教师根据儿童的年龄特征，以发展领域为框架设计。但是由于低年龄听障儿童的注意力和自我控制能力还不足以适应长时间的集体活动，集体活动还是以亲子之间的互动为主，教师的作用在于统一示范，与家长对话，直接指导家长来引导孩子。集体活动的功能在于以下几点。

（1）所有儿童共同参与，遵循活动开展的节奏。例如，在音乐律动下一起表演动作；当教师示范游戏玩法时，能够安静下来观看等。这有利于儿童适应日后的幼儿园生活。

（2）集体活动中，需要儿童有较强的自我控制能力，领会集体的规则，并控制自己去遵守。

（3）集体活动让儿童意识到同伴的存在。在教师和家长的引导下，与同伴打招呼，表示友好行为，与同伴互动，可以促进儿童社会性的发展。

（4）集体活动中，教师示范活动，儿童来观察和模仿，这有利于儿童注意力的投入和维持、记忆力（延迟模仿需要儿童记住教师的行为）及其他动作技能等多种能力的培养。

（三）分散活动

分散活动主要是亲子之间的互动，是在统一的集体活动之后，由教师布置亲子互动的任务或者发放操作材料，再请家长和儿童一起完成任务或者共同操作材料。这种互动形式介于自由游戏与集体活动之间，既有教师的预设和要求，又是亲子之间互动完成；既含有一定的教育目的和结构化，又能在实施时照顾到个体差异。这时候，家长承担起引导和协助儿童的责任。分散活动的主要意义在于有目的、有计划地提供机会让儿童自己动手操作，掌握一些基本的技能。分散活动在提供亲子互动机会的同时，能够指导家长正确与孩子进行互动。

三种课程组织形式的特征比较具体见表 2-1。

表 2-1　三种课程组织形式特征对比

组织形式	自由游戏	分散活动	集体活动
结构化程度	低	中	高
适宜的活动环节	自由活动环节	发展性课程活动 功能性课程活动	发展性课程活动 功能性课程活动
互动模式			
教师作用	1. 观察儿童的兴趣和游戏行为 2. 主动与家长沟通儿童最近的状况 3. 对家长提出的问题，共同讨论并寻找解决方法	观察每一对亲子互动的情况，根据儿童的反应指导家长如何去跟儿童互动	1. 设计活动教案，准备活动材料，操作材料应该每组家庭一份 2. 控制课堂节奏，把握儿童的注意力和兴趣点，做到有收有放
指导家长的内容	1. 交流最近儿童的变化和发展 2. 指导家长观察儿童 3. 解答家长提出的问题	1. 指导和示范家长如何与儿童进行互动 2. 讨论儿童当下的行为表现、兴趣点，使家长理解儿童的发展水平和学习特点	1. 告知活动设计的意图和蕴含的教育知识，简单指导家长如何与儿童进行活动 2. 活动的拓展及其在生活中的渗透
家长的职责	1. 跟随儿童，积极回应儿童，与儿童互动 2. 主动与教师讨论交流儿童的近况 3. 关注儿童在活动中的安全	1. 与儿童合作，帮助其完成操作，但是不要代替其完成 2. 观察儿童的表现，给儿童一些时间和耐心 3. 学会在恰当的时候给予儿童合理的辅助	1. 协助儿童进行自我控制，以集中注意力参与集体活动 2. 根据教师的指导，引导儿童，进行互动
对儿童的发展意义	1. 遵照儿童的兴趣和自由选择，让儿童的自主性得以发挥 2. 观察儿童的行为，加深对儿童的了解，尊重儿童的个体差异	1. 提供有针对性的练习机会，让儿童各方面得到全面发展 2. 亲子合作，为儿童营造良好的互动交往环境，促进儿童发展	1. 感知集体氛围，了解同伴是一个不同于自己的存在 2. 理解规则，培养自我控制能力 3. 培养集体场合下的社会行为：不怕生、与人打招呼、表示友好等

四、课程实施的原则

（一）关注听障儿童的个体差异

关注听障儿童的个体差异对他们的早期康复至关重要。每个听障儿童的听力损失程度、语言发展水平、学习风格及兴趣爱好等都不尽相同，在开展亲子游戏课程前，应当通过观察、评估等手段对儿童的各项能力及需求有充分的了解，并在此基础上为其制订针对性的康复目标和策略，开展适宜的康复教学。

通过适宜的康复教学，听障儿童能增强自信心，感受到自己被尊重和理解。当儿童的需求得到满足时，他们更愿意积极参与康复活动。关注个体差异不仅有助于听障儿童在语言和听力方面的发展，还可以促进他们在认知、社交、情感等方面的全面发展，获得更好的康复效果。

（二）重视跨学科团队合作

听障儿童的康复涉及多个领域，如听力学、语言学、教育学、心理学等。在小龄听障儿童全领域亲子游戏课程的实施过程中，应当重视跨学科的团队合作。跨学科团队可以提供多种康复方法和策略。课程实施前，听力师与教师从各自的专业角度出发，为听障儿童提供全面的评估和诊断，了解听障儿童当前的听力情况及语言、认知等方面的发展水平，制订出最适合他们的康复计划。课程实施中，听力师与教师密切配合。听力师参与每日的晨检，为听障儿童进行助听器和人工耳蜗的检测，确保他们的辅听设备处于最佳工作状态。教师则更多地关注孩子的学习需求，观察听障儿童在教学活动中的表现。如遇到问题，团队应开展个案联合会诊，共同商议康复对策，并主动与听障儿童家长沟通，提供解决方案。通过跨学科团队成员之间的信息共享，互相学习、互相借鉴，共同提高听障儿童的康复效果。

（三）强调深度和持续性的家长参与

在小龄听障儿童全领域亲子游戏课程的实施过程中，家长参与的深度和持续的时间是非常重要的。对于儿童而言，家长是他们的“第一任教师”，是最亲近的人，他们了解孩子的个性、习惯和需求。面对康复这样一个长期的过程，家长的参与和陪伴能够让儿童获得稳定的康复环境，感受到家庭的温暖和关爱，增强自信心，帮助听障儿童养成良好的学习和生活习惯，坚持康复训练。

此外，通过深度参与康复课程，家长可以更好地学习康复技巧和方法，在康复过程中与专业康复团队密切合作，及时沟通孩子的能力进展和问题，并将所掌握的康复技能应用到日常生活中，帮助儿童获得更理想的康复效果。

第五节　课程评价

课程在连续不断发展的动态过程中，一个重要的环节就是课程评价。课程评价可以在教育教学过程中起到价值引领、过程诊断、调节完善等重要作用。学前特殊教育课程评价旨在加强对特殊儿童的了解，增强教师的专业能力，提升学前特殊教育课程质量。

一、促进听障儿童发展的评价

0~3 岁是婴幼儿发展的重要阶段，是个体在生理、心理及社会行为上不断变化、成熟的复杂过程。发展评价是将听障儿童与一般儿童的发展水平与规律相比较，从而对其发展速度、发展特点做出的评定和评估，以帮助康复治疗师、教师、家长及其他相关人员掌握听障儿童的基本情况和发展能力，了解其优势能力和补偿能力，以制订适合的教育康复计划。

评价涉及多渠道，体现过程性，注重个别化。课程开始前，需要对听障儿童开展身心健康和功能基线水平的评价，为班级安置与个别化教育方案制订提供依据。在课程实施过程中要进行阶段性教育评估，追踪评价听障儿童阶段性发展及功能康复效果，及时掌握课程实施效果，为课程调整提供依据。课程结束时要全面评价听障儿童已达到的综合水平。其中，质性评价可以运用观察、访谈、作品分析等方法进行，如成长档案、学习故事、课后指导记录等；量性评价可以运用问卷法、测评法等，使用客观、数量化的数据，验证阶段性发展或功能康复效果。在全领域亲子游戏课程中与儿童相关的评价包括身心发展评估、听觉功能评估和语言功能评估，分别见表 2-2、表 2-3 和表 2-4。

表 2-2　身心发展评估

类型	评估项目	评估频率	评估目的
观察评价	首堂、持续教学评估	每学期	了解儿童康复五大领域的基础及发展
	儿童成长档案	每学期	了解儿童在日常或特定情景下的动作、运动、自理、情绪、情感等发育和习惯表现
	课后指导记录	每节课	

续表

类型	评估项目	评估频率	评估目的
访谈	婴幼儿沟通及象征性行为发展量表	按需	快速筛查儿童身体发育、精神心理及适应性行为等方面的个体发展或异常情况，便于进一步检查和提供建议
	儿童感觉统合发展	按需	
	儿童气质特征	按需	
	儿童行为等特殊问题筛查	按需	
测验	Griffiths 发育评估量表	每学期	了解儿童整体发展水平

表 2-3　听觉功能评估

类型	评估项目	评估频率	评估目的
观察评价	日常听性行为观察记录	按需	了解儿童日常生活中的听能情况
访谈	CAP、MIAS、LITTLE-EARS 等问卷	每学期	快速筛查儿童听能水平
测验	林氏 6 音的察觉与辨识、助听设备监听等	每节课	了解儿童对不同频率语音的感知、识别状况及监测辅听设备优化状态
	听障儿童听觉能力评估	每学期	了解儿童日常环境下的语言感知、识别率
	言语测听	每学期	了解儿童标准环境下的言语识别阈

表 2-4　语言功能评估

类型	评估项目	评估频率	评估目的
观察评价	听障儿童在生活中自发性发音、语言理解与表达的观察记录	按需	了解儿童在特定语境下的口语表达及运用的能力
访谈	SIR、MUSS 问卷	每学期	快速筛查儿童语言能力整体水平
测验	听障儿童语言能力评估	每学期	快速了解儿童口语语言发展水平
	言语功能评估	每学期	了解儿童呼吸、发声、共鸣、构音等能力的状况

二、促进教师专业发展的评价

教师不仅是课程实施的组织者，也是课程的开发者和研究者，教师的教育行为直接影响着课程的实施效益和儿童的发展。对教师进行评价，有助于提高教师的自主能力，切实保证康复教学质量，促进儿童的全面发展。

开展对教师素养的评价，要聚焦教师的职业道德和专业能力两个维度。教师的职业道德评价内容主要包括：依法从教，不体罚或变相体罚儿童；自觉尊重、接纳特殊儿童；文明执教，传递正能量；等等。专业能力评价内容主要包括环境创设能力、活动实施能力、观察分析能力的评价。例如，教师是否创设了对儿童有激发性的环境，对 0~3 岁儿童发展和学习是否了解；教师是否明确儿童所需要获得的知识、技能、理解能力和学习态度；教师是否能客观准确地评估儿童，进退目标是否适宜等。

建立以促进教师专业化发展为目标的评价体系，是对教师素质和教育教学能力的促进。同时，更要强调教师的自省，教师要对自身的教育思想、教育态度和教育行为及效果进行主动分析、主动反思。教师可以通过自评、他评、观摩交流等形式不断提高教育与研究能力，不断更新知识、教学相长。教师日常教学工作以自评和他评的形式开展，考核表见表 2-5、表 2-6。

表 2-5　教研组长日常保教工作考核表

项目	具体内容	检查方式	得分
考勤管理（25 分）	及时组织教研活动，每次活动有主题、有效果	抽查记录	
	教师教育、教学行为抽查考核情况		
安全管理（20 分）	经常检查儿童活动区域及教学区域安全隐患，发现问题及时排除，杜绝责任事故发生，防范非责任事故发生	以本人和科室提供的有关依据为准	
	下班前做好安全责任区内水电、门窗等安全检查工作（拔掉电源、关闭门窗及水龙头）	现场抽查	
行为规范（25 分）	带班时不穿高跟鞋（跟高>3 厘米）、拖鞋，不穿过于暴露（吊带、短裤）和不便于活动（包臀裙）的服装。带班时不佩戴过于显眼和影响活动的饰物（镶嵌类戒指、下垂耳环、长项链等）	现场抽查	
	认真组织教学活动，不串岗、离岗。带班/上课时间不接打电话或玩手机		
	不体罚或变相体罚儿童	以有关依据为准	
	严禁违反师德师风及教育部教师“六条严禁”等		
教育教学（30 分）	认真、规范制订各类教学计划	抽查记录	
	上课前准备好教具、学具，课前准备充分	现场抽查	
	遵守作息时间，科学有效组织教学活动		
	教学计划和执行一致，因特殊情况需要调整时有明确理由	现场抽查	
	每月听课不少于 1 节，并按要求做好听课记录	以本人或教研组提供的有关记录为准	

续表

项目	具体内容	检查方式	得分
附加项	论文发表、业务比赛、展示、对外讲学、接收锦旗或表扬信、各类荣誉称号等	查看有关资料及证书	
合　计（100 分）			
备注：附加项每项奖励 5 分，多项可累计。如发生家长有效投诉、违反师德师风建设及严重安全责任事故等问题，当月考核总分为 0 并报告中心，按中心有关规定处理			
被考核人		考核人	
签字：　　日期：		签字：　　日期：	

表 2-6　教师日常教学工作考核表

项目	具体内容	检查形式	得分
考勤管理（25 分）	参加教研活动情况	抽查记录	
	参加教研活动发言情况及发言质量		
安全管理（20 分）	经常检查儿童活动区域安全隐患，发现问题及时排除，杜绝责任事故发生，防范非责任事故发生	以本人和科室提供的有关依据为准	
	下班前做好安全责任区内水电、门窗等安全检查工作（拔掉电源、关闭门窗及水龙头）	现场抽查	
行为规范（25 分）	带班时不穿高跟鞋（跟高>3 厘米）、拖鞋，不穿过于暴露（吊带、短裤）和不便于活动（包臀裙）的服装。带班时不佩戴过于显眼和影响活动的饰物（镶嵌类戒指、下垂耳环、长项链等）	现场抽查	
	认真组织教学活动，不串岗、离岗。带班/上课时间不接打电话、玩手机或干其他事务		
	不体罚或变相体罚儿童	以有关依据为准	
	严禁违反师德师风及教育部教师“六条严禁”等		
教育教学（30 分）	认真、规范制订各类教学计划	抽查记录	
	上课前准备好教具、学具，课前准备充分	现场抽查	
	遵守作息时间，科学有效组织教学活动		
	教学计划和执行一致，因特殊情况需要调整时有明确理由	现场抽查	
	每月听课不少于 1 节，并按要求做好听课记录	以本人或教研组提供的有关记录为准	
附加项	论文发表、业务比赛、展示、对外讲学、接收锦旗或表扬信、各类荣誉称号等	查看有关资料及证书	

续表

<table>
<tr><td>项目</td><td>具体内容</td><td>检查形式</td><td>得分</td></tr>
<tr><td colspan="2">合　计（100分）</td><td colspan="2"></td></tr>
<tr><td colspan="4">备注：附加项每项奖励5分，多项可累计。如发生家长有效投诉、违反师德师风建设及严重安全责任事故等问题，当月考核总分为0并报告中心，按中心有关规定处理</td></tr>
<tr><td colspan="2">被考核人</td><td colspan="2">考核人</td></tr>
<tr><td colspan="2">签字：　　　　　　日期：</td><td colspan="2">签字：　　　　　　日期：</td></tr>
</table>

三、提升课程实施质量的评价

课程实施质量的评价是对课程实施情况进行导向和监控，以确保课程实施的过程和效果。课程实施质量评价参考《上海市幼儿园办园质量评价指南》中的保教实施部分，分别从计划安排、设计与组织、环境与资源、师幼互动、观察与评估、与家长合作六个方面进行课程实施质量监控。每月召开质量监控会议监控课程质量，各组教研组长分别对全领域亲子游戏课程中的发展性课程和功能性课程进行有重点的观察、评价及反馈，以提升课程实施质量。每学期通过家长问卷了解家长对课程实施的意见及建议，从而对课程实施进行调整和改善。每学期末对一学期中课程实施过程中的问题、困惑，以及家长的意见、建议进行一次汇总和讨论，以进一步调整课程实施内容和提升课程实施质量。

第三章

小龄听障儿童全领域亲子游戏课程教学示范活动

全领域亲子游戏课程分为发展性课程和功能性课程。发展性课程尊重听障儿童身心发展规律及个体差异，以《上海市 0~3 岁婴幼儿教养方案》为参考依据，通过亲子游戏的形式促进听障儿童全面发展，并在游戏中渗透促进听觉、言语、语言、认知和沟通的康复技巧，以此充分而均衡地对听障儿童进行启发式发展教育。功能性课程是与听障儿童存在的核心障碍相匹配的康复训练课程，包括听觉训练和言语训练两个领域，分别开展亲子听能团体活动和亲子言语团体活动。

为帮助专业人员更好地了解全领域亲子游戏课程的具体内容及实施方式，本章共收录发展性课程教学示范活动 64 篇，功能性课程教学示范活动 64 篇，供专业人员参考。每一个示范活动都按照“活动目标—活动准备—活动过程—家长指导”的编写体例呈现。活动设计尽量做到有趣且简单易行，大部分活动材料教师可以就地取材。每个活动都给出了家长指导建议，针对活动实施中需要注意的点进行了说明，同时帮助教师在同一个目标下，开阔思路、复习巩固或是扩展延伸。

第一节 发展性课程教学示范活动

发展性课程实施时，按照听障儿童的生理年龄设立 1~2 岁及 2~3 岁两个班级。每个班级以 6 个月龄为间隔分为两个层次。本节围绕感知与运动、认知与语言、情感与社会性三大板块，共收录 64 篇示范教案。

一、1~2 岁听障儿童发展性课程教学示范活动

13~18 个月的听障儿童刚佩戴辅听设备，也是感知觉发展的关键期。因此，

课程设计时以感知与运动领域为主，关注听障儿童对声音的感知情况，活动实施过程中采取听觉优先的技巧。该部分包含感知与运动领域示范教案 9 篇，情感与社会性领域 2 篇，认知与语言领域 4 篇。19~24 个月的听障儿童已接受一段时间的康复，在听觉感知和专注力方面都有所提高，能听懂一些简单的指令，规则意识开始萌芽，课程设计时可在游戏中渗入等待、轮替等沟通技巧。该部分包含感知与运动领域示范教案 9 篇，情感与社会性领域 3 篇，认知与语言领域 5 篇。1~2 岁听障儿童发展性课程教学示范活动目录见表 3-1。课程详细内容见后文。

表 3-1　1~2 岁听障儿童发展性课程教学示范活动目录

编号	活动名称	适用月龄	活动领域
1	瓶宝宝会唱歌	13~18 个月	感知与运动
2	小鸡回家	13~18 个月	感知与运动
3	小猪吃面条	13~18 个月	感知与运动
4	搓糖球	13~18 个月	感知与运动
5	搭高楼	13~18 个月	感知与运动
6	草地里的毛毛虫	13~18 个月	感知与运动
7	罐子里的声音	13~18 个月	感知与运动
8	大米雨	13~18 个月	感知与运动
9	拓印真有趣	13~18 个月	感知与运动
10	可爱的小兔子	13~18 个月	情感与社会性
11	小刺猬	13~18 个月	情感与社会性
12	漂亮的颜色水	13~18 个月	认知与语言
13	美丽的水果	13~18 个月	认知与语言
14	蝴蝶真美丽	13~18 个月	认知与语言
15	美味的比萨	13~18 个月	认知与语言
16	会跳舞的彩带	19~24 个月	感知与运动
17	好玩的报纸	19~24 个月	感知与运动
18	彩色球找朋友	19~24 个月	感知与运动
19	卷袜子	19~24 个月	感知与运动
20	放烟花	19~24 个月	感知与运动
21	好玩的滴管	19~24 个月	感知与运动
22	糖果甜甜	19~24 个月	感知与运动
23	小鸟飞飞	19~24 个月	感知与运动
24	小星星回家	19~24 个月	感知与运动

续表

编号	活动名称	适用月龄	活动领域
25	连在一起	19~24 个月	情感与社会性
26	送小动物回家	19~24 个月	情感与社会性
27	气球小熊	19~24 个月	情感与社会性
28	抓小鱼	19~24 个月	认知与语言
29	好吃的橘子	19~24 个月	认知与语言
30	小黑捉迷藏	19~24 个月	认知与语言
31	魔法宝贝	19~24 个月	认知与语言
32	大大和小小	19~24 个月	认知与语言

活动一　瓶宝宝会唱歌

适用月龄：

13~18 个月。

活动领域：

感知与运动。

活动目标：

1. 能够用三指捏住珠子将其放进瓶子里，锻炼精细动作，促进手眼协调发展。

2. 感知瓶中珠子跳动的声音。

活动准备：

直径 4~5 cm 的珠子、瓶子（如牛奶瓶）、绳子。

活动过程：

一、示范互动，引起注意和兴趣

1. 教师出示瓶子和珠子，用语言、声调等手段引起儿童注意，激发兴趣。

2. 教师引导儿童和家长一起和瓶宝宝打声招呼。

3. 教师拧开瓶盖，并将珠子一颗一颗地放到瓶子里。同时进行语言输入："瓶宝宝饿了，想吃珠子，我们帮帮他吧。"

二、亲子互动：瓶宝宝吃珠子

1. 教师给每组家庭发一个瓶子和若干珠子（提示：注意不可以让儿童自己吃珠子，珠子不可以放在儿童身上任何地方）。

2. 家长辅助儿童打开瓶盖，引导儿童把珠子"喂"给瓶宝宝吃。家长观察儿童的手眼协调能力，适时地调整瓶子，让儿童顺利地把珠子放入瓶子里。

3. 教师引导儿童摇摇瓶子、听听声音，感知珠子碰撞瓶子发出的声音。

三、亲子游戏：好玩的瓶子

1. 瓶宝宝摇一摇：家长引导儿童摇一摇瓶子，假装瓶宝宝在唱歌；摇了一会儿后，假装瓶宝宝要睡觉了，引导儿童停止摇瓶子。家长可与儿童轮流玩这个游戏。

2. 瓶宝宝做早操：家长引导儿童跟随儿歌节奏及教师的动作玩"瓶宝宝做早操"的游戏。（儿歌：瓶宝宝，举高高。瓶宝宝，掉下来。）

3. 瓶宝宝去散步：家长和儿童一起给瓶子系上一根绳子，假装瓶宝宝要去散步了，然后让儿童拉着瓶子在教室内自由走动，同时感知瓶子里珠子跳动发出的声音。

家长指导：

13～18个月龄的儿童还处于口腔敏感期，所以在亲子操作的过程中家长要避免儿童把珠子塞入口中。互动时需要采用面对面的坐姿，先示范，再引导儿童手眼协调地将珠子放入瓶子中。放进去后摇一摇瓶子、听一听珠子碰撞瓶子的声音。

活动二　小鸡回家

适用月龄：

13~18个月。

活动领域：

感知与运动。

活动目标：

1. 感知母鸡的叫声，能跟随音乐的节奏摆动身体。

2. 在“送小鸡回家”的活动中锻炼儿童的手眼协调能力。

活动准备：

课件、沙蛋、自制小鸡回家的盒子、塑封的小鸡图片、《花母鸡》音乐、仿真草地。

活动过程：

一、示范互动，引起注意和兴趣

1. 教师播放课件中母鸡叫声的音频，引起儿童的注意和兴趣，并请儿童猜猜看是什么动物的叫声。

2. 教师继续播放课件，呈现母鸡的图片，同时播放母鸡叫声的音频，让儿童再听一听母鸡的叫声。

3. 教师继续播放课件，呈现母鸡孵蛋的图片，引导儿童了解母鸡会孵蛋。

4. 教师给每人发个沙蛋，并一起摇一摇沙蛋，感知高频的声音。

二、亲子互动：母鸡咯咯哒

1. 教师播放音乐《花母鸡》，示范跟随音乐做律动。

2. 教师请儿童双手握住沙蛋，坐在家长的腿上。

3. 家长跟随音乐抖动双腿，让儿童感受音乐的节奏。当音乐结束时，家长快速地把儿童从腿上放下。

三、亲子游戏：送小鸡回家

1. 教师将小鸡图片放入“草地”中，并进行语言输入：“鸡妈妈孵出的小鸡跑到草地上去玩了，待会儿我们把它们送回家吧。”

2. 家长带儿童到“草地”上把小鸡找出来，然后请儿童将小鸡送回“房子”里面。

家长指导：

13～18 个月的儿童喜欢超音段的语音节奏，所以在活动的过程中，家长要反复发出母鸡叫声“咯咯咯咯咯咯咯哒”。同时要多关注儿童对语音的反应，观察儿童是否会看向母鸡或者沙蛋。

活动三　小猪吃面条

适用月龄：

13～18个月。

活动领域：

感知与运动。

活动目标：

1. 通过拿吸管、放吸管来发展儿童三指捏的精细动作及手眼协调能力。

2. 通过“小猪吃面条”的活动发展儿童的社会性情感。

活动准备：

吸管（粗吸管、细吸管及弯吸管）、自制奶粉罐小猪、《小猪吃得饱饱》音乐、课件。

活动过程：

一、示范互动，引起注意和兴趣

1. 教师播放课件中小猪叫声的音频，引起儿童的注意和兴趣，并请儿童猜猜看是什么动物的叫声。

2. 教师继续播放课件，呈现小猪的图片。

3. 教师引导儿童认识小猪的基本特征。

4. 家长引导儿童指认小猪的眼睛、鼻子、耳朵、嘴巴、肚子。

二、亲子互动：小猪咕噜噜

1. 教师播放《小猪吃得饱饱》音乐。

2. 家长和儿童听音乐，跟随音乐的节奏做相应的律动。

3. 教师把自制的奶粉罐小猪分发给每一组家庭，家长引导儿童和小猪做游戏。例如，可以咕噜噜滚小猪等。

三、亲子游戏：小猪吃面条

1. 教师引导儿童说：“小猪玩得肚子饿了，我们来喂他吃面条吧。”并示范将吸管当作面条塞入小猪的嘴巴里。

2. 教师给每位儿童分发若干细吸管，家长引导儿童把吸管放入小猪的嘴巴里，假装给小猪喂面条。

3. 家长在游戏过程中可根据儿童的能力水平提供粗细不等的吸管。

家长指导：

这个月龄段的儿童喜欢把物品塞入细小的洞和缝隙中，活动既满足儿童的好奇心，又能锻炼儿童的手眼协调能力，所以在操作的过程中家长要做一个引导者而不是替代者，当吸管塞不进去的时候要先观察，不要急于帮助。当儿童出现急躁、没有耐心的表现，发出求助信号的时候，家长及时给予支持与引导。

活动四 搓糖球

适用月龄：

13~18个月。

活动领域：

感知与运动。

活动目标：

通过活动，锻炼儿童手指捏的力度及手指的灵活性，提高手眼协调能力。

活动准备：

红色、黄色、绿色皱纸，透明塑料瓶。

活动过程：

一、示范互动，引起注意和兴趣

1. 感知颜色：教师把五颜六色的皱纸摆放在儿童面前，在摆弄中引导儿童感知颜色。

2. 教师请个别儿童上前，指认红色皱纸，正确指出的儿童要给予鼓励。

3. 教师示范把皱纸放在手心上，做“捏”“放”“揉搓”的动作，使皱纸变成团。在做动作的同时念儿歌：“捏捏捏、搓搓搓，变变变、变变变，变成红红的小糖球。”

二、亲子互动：捏糖球

1. 教师把红色的皱纸发给每一组家庭。

2. 家长示范把皱纸放在手心上，做“捏”“放”“揉搓”的动作，并以儿歌引导。（儿歌：捏捏捏、搓搓搓，变变变、变变变，变成红红的小糖球。）

3. 家长引导儿童随意捏皱纸，可以一只手捏，也可以双手合作捏。

三、亲子游戏：塞糖球

1. 教师示范把捏好的糖球塞到瓶子里，边塞边说：“红红的糖球回家了。”

2. 家长引导儿童把糖球塞到瓶子里。同时说：“找找红红的糖球，红红的糖球回家了。”

家长指导：

此月龄段儿童的手部小肌肉进一步发展，会把小东西放进瓶里，还会取出来。家长先和儿童一起在手心里揉纸球。若儿童只会把纸捏小或搓条，家长可以手把手地教他/她如何旋转着揉出纸球。亲子操作的过程中家长要注意语言的输入，语调要抑扬顿挫，增强儿童对语音的感知。

活动五　搭高楼

适用月龄：

13~18 个月。

活动领域：

感知与运动。

活动目标：

在搭高楼的情景中，尝试用积木垒高，发展儿童手眼协调能力；在推倒高楼的情景中，锻炼儿童的大肌肉动作。

活动准备：

积木、泡沫砖头积木、奶粉罐、纸盒等。

活动过程：

一、示范互动，引起注意和兴趣

1. 教师示范把积木垒高进行搭高楼，同时念儿歌："搭高楼喽，搭高楼喽，拿一块，放一块，高楼搭得高又高。"

2. 搭好高楼后，教师示范边推倒高楼边念儿歌："推高楼喽，推高楼喽，砰砰砰，砰砰砰，高楼高楼不见了。"

二、亲子互动：高楼哪里去了

1. 家长带领儿童自选一种积木，边念儿歌边与儿童一起垒高，再推倒。

2. 家长引导儿童利用积木不同的面进行垒高，再推倒。

三、亲子游戏：不同的高楼

1. 家长引导儿童选择不同的积木进行搭高楼和推高楼。再与旁边的儿童交换积木进行搭高楼。

2. 家长引导儿童自主选择大小不同的奶粉罐或纸盒，一起搭高楼和推高楼。

家长指导：

这个月龄段的儿童可以用 2~3 块积木垒高。家长与儿童一起互动摆放积木时动作要慢，边放边输入儿歌。如果儿童一开始不愿垒高，家长可以垒高，请儿童推倒。在推倒的过程中可以锻炼儿童的大肌肉动作。

活动六　草地里的毛毛虫

适用月龄：

13~18 个月。

活动领域：

感知与运动。

活动目标：

通过看一看、抓一抓“毛毛虫”提高儿童对于“毛毛虫”的认知，并进一步提高儿童的手眼协调能力。

活动准备：

仿真草地，扭扭棒制作的毛毛虫、彩条长筒袜、毛毛虫发条玩具、瓶子。

活动过程：

一、示范互动，引起注意和兴趣

1. 教师念儿歌：“毛毛虫，爬呀爬，爬到花丛找妈妈，妈妈妈妈是谁呀，原来是只大蝴蝶。”并提问：“儿歌中说的是谁呀？”

2. 教师出示毛毛虫发条玩具，并说：“刚才儿歌里说的是毛毛虫啊。”

3. 教师拧动毛毛虫发条玩具，请儿童观察毛毛虫是怎么爬的。

二、亲子互动：毛毛虫爬呀爬

1. 教师把彩条长筒袜套在手臂上扮成毛毛虫，并说：“我们也来学一学毛毛虫爬呀爬吧。”

2. 教师用手臂做波浪状动作模仿毛毛虫爬。

3. 抓毛毛虫游戏：教师给家长分发长筒袜，让家长模仿毛毛虫的样子在地上扭动手臂，鼓励儿童用手去抓。

三、亲子游戏：草地里的毛毛虫

1. 教师给每组家庭分发一块“草地”，并在“草地”上撒一些扭扭棒制作的毛毛虫。

2. 家长引导儿童一起把“草地”上的“毛毛虫”找出来，然后放入瓶子中。

家长指导：

这个月龄段的儿童很喜欢玩抓住、躲闪的游戏，所以在第二个环节中家长可以用手臂扮成毛毛虫爬到儿童的头上、肚子上等身体部位增强游戏的趣味性。引导儿童玩抓“毛毛虫”的躲闪游戏时，家长躲闪的速度要由慢到快，让儿童逐步理解并掌握游戏规则和抓握技巧，这一过程可以锻炼儿童的协调能力。第三个环节中“草地”上各种颜色的“小花”与“毛毛虫”混在一起，可以锻炼儿童的分辨能力，家长注意引导儿童先仔细观察再去找“毛毛虫”。

活动七　罐子里的声音

适用月龄：

13~18个月。

活动领域：

感知与运动。

活动目标：

1. 察觉、聆听物体碰撞的声响，了解简单的因果关系。

2. 激发儿童的好奇心和参与活动的兴趣。

活动准备：

内藏一部小汽车玩具和小铃铛的铁桶奶粉罐。

活动过程：

一、示范互动，引起注意和兴趣

教师出示圆形的奶粉罐，将奶粉罐在儿童面前滚动，引起儿童注意。同时念儿歌："小罐子，圆又圆，滚过来，滚过去。"

二、亲子互动：好玩的圆罐子

1. 教师给每组家庭发一个铁桶奶粉罐。

2. 家长与儿童面对面坐，家长把奶粉罐放在儿童面前，让儿童随意摆弄，摇一摇听听声响。

3. 家长引导儿童用手推，使奶粉罐在地上滚动，同时说："小罐子，圆又圆，滚过来，滚过去。叮叮咚咚，里面有什么？"

三、亲子游戏：罐子里的秘密

1. 家长提示儿童自己动手将奶粉罐打开，找找里面有什么，再把里面的玩具拿出来。

2. 家长引导儿童将拿出来的小汽车玩具再放入奶粉罐里，盖上盖子摇一摇，让儿童摆弄，听一听声音。

3. 教师指导家长和儿童来回踢奶粉罐。

4. 游戏反复进行2~3次。

家长指导：

家长用语言引导儿童关注罐子滚动时里面发出的声音。例如，可以说："宝宝踢一踢，听，有叮叮咚咚的声音。"罐子不滚动，没有声音时说："罐子停下来了，没有声音。"语言要采用声学强调的方式突出"有声音"和"没有声音"，帮助儿童建立因果联系。

活动八　大米雨

适用月龄：

13~18个月。

活动领域：

感知与运动。

活动目标：

1. 锻炼儿童手腕肌肉，发展感知觉。

2. 在玩米的过程中促进手眼协调的能力。

活动准备：

米、漏斗、瓶子、勺子、彩虹伞玩具。

活动过程：

一、示范互动，引起注意和兴趣

1. 教师出示大大的彩虹伞玩具，平铺在地上作为垫布，让儿童坐在彩虹伞上做游戏。

2. 教师把大米拿出来让儿童认识一下。

3. 教师引导儿童抓一把米，看看谁抓的米比较多。

4. 教师引导儿童感受徒手把米装到瓶子里的过程。

二、互动游戏：看谁装得多

1. 教师出示勺子与漏斗，让儿童认识这两样物品。

2. 教师示范用勺子和漏斗往瓶子里装米。

3. 教师给每组家庭分发勺子与漏斗。家长引导和协助儿童利用这两个工具往瓶子里面装大米。

三、亲子游戏：大米雨

1. 装好大米后，教师引导大家一起摇一摇瓶子模仿下雨的声音。

2. 教师引导家长和儿童将瓶子里面的大米倒出一些，再摇一摇瓶子，分别感受“大雨”和“小雨”的声音。

3. 边摇边念儿歌：“大雨哗啦啦，小雨淅沥沥。”

家长指导：

对于“装”和“倒”这两个动作，在这个月龄段的儿童更喜欢“倒”，所以在装米的环节如儿童不愿意，家长可以多示范几次，然后摇晃瓶子制造声响引起儿童的注意。有些儿童喜欢一把抓米的玩法，沉浸在此环节时，家长不需要做太多干预，要让儿童多探索，专注于大米给手部带来的触觉感受，发展感知觉。

活动九　拓印真有趣

适用月龄：

13~18个月。

活动领域：

感知与运动。

活动目标：

1. 尝试用滚筒印画，感受创造连续图样的乐趣。

2. 锻炼手眼协调能力。

活动准备：

花边滚筒、长卷画纸、彩色海绵印泥或各色颜料、动物印章、抹布、洗颜料的小水桶。

活动过程：

一、示范互动，引起注意和兴趣

1. 教师出示滚筒，并示范让滚筒转动起来。

2. 教师给每位儿童分发一个滚筒，并引导儿童摆弄滚筒。

二、互动游戏：好玩的滚筒

1. 滚筒转转转：教师引导儿童用手转动滚筒，感知滚筒快快地转和慢慢地转的不同。

2. 模仿开车呜呜呜：教师引导儿童假装滚筒是一辆小汽车，将滚筒放在地上开。

三、亲子游戏：滚筒转转转

1. 教师请儿童和家长先选择一张自己想要设计的纸。

2. 家长引导儿童用滚筒蘸取颜料，然后在纸的四周进行滚画，让儿童感受拓印连续图样的乐趣。

3. 滚画结束后，家长引导儿童用动物印章在中间拓印，感受拓印的乐趣。

家长指导：

在滚筒拓印过程中，家长要引导儿童不能将颜料混合在一起，如果印好了一张，想要继续拓印，需要引导儿童选择另一个滚筒或者将用过的滚筒洗一下再来滚画。儿童完成作品后，家长要给予肯定。

活动十 可爱的小兔子

适用月龄：

13~18个月。

活动领域：

情感与社会性。

活动目标：

1. 认识兔子，尝试发/tu/的音。

2. 通过撕纸锻炼儿童手眼协调的能力。

活动准备：

塑封的兔子图片、餐巾纸、绿色手工纸、胶棒、兔子玩偶。

活动过程：

一、示范互动，引起注意和兴趣

1. 教师出示兔子玩偶引起儿童的兴趣，并鼓励儿童模仿说“兔”。

2. 教师让兔子玩偶和儿童分别互相打招呼。

3. 教师出示一张兔子的图片让儿童观察兔子玩偶和兔子图片有什么不一样。(一个有毛，摸上去毛茸茸的；一个没有毛，摸上去很光滑。)

4. 教师引导儿童给图片上的小兔子做一件毛茸茸的衣服。

二、亲子互动：毛茸茸的兔子

1. 教师出示餐巾纸，并示范双手分别用三指捏住餐巾纸，将餐巾纸撕成细细的纸条。

2. 教师给每组家庭分发一些餐巾纸。家长引导儿童将餐巾纸撕成细条。撕好的纸条不要急着贴，可以引导儿童先吹一吹，锻炼一下儿童掌握呼吸气流的能力。

3. 家长引导儿童把撕好的纸条贴在小兔子的身上，边贴边说：“小兔子穿新衣服，真漂亮。”

三、亲子游戏：兔子吃青草

1. 教师引导儿童喂小兔子吃青草，说：“宝宝看，小兔子穿好衣服真漂亮，现在它要吃点东西了。小兔子爱吃什么呢？”

2. 教师示范将绿色手工纸撕成小块贴在小兔子旁边，边贴边说“小兔子——啊呜”或“兔子吃草”。

3. 教师分发手工纸材料，家长和儿童一起操作。

家长指导：

餐巾纸轻薄，易撕成条，易吹起。/tu/属于送气音，家长引导儿童发音时，可以将撕好的纸条放在嘴前，观察纸条飘落，可以让儿童直观地感受发音时产生的气流。绿色的手工纸偏硬，增加了撕的难度。操作中家长要多多观察儿童撕纸的方式，当儿童寻求帮助的时候再给予支持。

活动十一　小刺猬

适用月龄：

13~18个月。

活动领域：

情感与社会性。

活动目标：

1. 认识刺猬，了解刺猬的特征。

2. 体验手指点画的乐趣。

活动准备：

小刺猬玩偶、课件、刺猬插刺玩具、小刺猬图案纸、红色颜料盘。

活动过程：

一、示范互动，引起注意和兴趣

1. 教师出示神秘袋，并说："今天有个好朋友来和我们一起玩，我们看看是谁呀？"

2. 教师从袋子中取出小刺猬玩偶，并用小刺猬的口吻说："我是小刺猬，浑身长满了尖尖的刺。"

3. 教师用小刺猬玩偶和儿童逐一打招呼，并引导儿童与小刺猬打招呼。

二、互动游戏：小刺猬找刺

1. 教师出示刺猬插刺玩具，请儿童看一看小刺猬身上少了什么。

2. 教师引导儿童尝试模仿说"刺"。

3. 教师示范将刺一一对应插在小刺猬身上，并引导儿童帮小刺猬插刺。

三、亲子游戏：小刺猬背果果

1. 教师出示印有小刺猬的纸，说："小刺猬肚子饿了，想要吃果果。"

2. 教师示范用手指蘸上红色颜料后，在小刺猬的刺上点画。

3. 教师分发红色颜料盘，家长引导儿童在小刺猬身上用手指点画果果。

家长指导：

相同月龄的儿童精细动作的发展水平各不相同，有些儿童能精准地将"刺"插在小刺猬身上，有些儿童手眼协调能力较弱，不能顺利地把"刺"插在小刺猬身上，喜欢把"刺"拔出来，这时家长不要阻止儿童的行为，应给予支持，把"刺"插好让儿童拔，拔的动作也是对精细动作的练习。

活动十二 漂亮的颜色水

适用月龄：

13～18个月。

活动领域：

认知与语言。

活动目标：

1. 促进小肌肉动作及手眼协调能力的发展。

2. 感知红、黄、蓝三种颜色，提升语言表达能力。

活动准备：

彩色皱纹纸、贴有眼睛图案的瓶子、盆子、水、小勺子、漏斗。

活动过程：

一、示范互动，引起注意和兴趣

1. 教师出示材料，请儿童认一认瓶宝宝和彩色皱纹纸。

2. 教师引导儿童和瓶宝宝打招呼。

3. 教师示范将彩色皱纹纸撕成小纸条，并念儿歌："小纸条变变变，变成小面条。"

二、亲子互动：瓶宝宝吃面条

1. 教师引导说："瓶宝宝肚子好饿啊！我们一起做面条给瓶宝宝吃吧。"

2. 教师示范撕彩色皱纹纸，两只手的拇指与食指抓住纸，一前一后往下撕。撕好后，将长长的纸条当作面条喂给瓶宝宝吃。

4. 教师分发彩色皱纹纸，家长引导儿童撕纸和给瓶宝宝"喂面条"。

三、亲子游戏：瓶宝宝喝水

1. 教师示范用小勺子和漏斗给瓶宝宝喝水。

2. 教师分发材料，家长引导儿童自由操作，给瓶宝宝舀水。

3. 儿童给瓶子装好水后，家长引导儿童观察瓶宝宝肚子的颜色。

家长指导：

对于13～18个月的儿童，撕纸是他们最爱玩的游戏之一。在撕纸过程中，家长可以在儿童面前放慢撕纸的动作，再手把手地带动儿童感受双手一前一后撕纸的动作过程。当儿童会三指捏纸一前一后撕纸时，家长要及时给予肯定。

活动十三　美丽的水果

适用月龄：

13～18个月。

活动领域：

认知与语言。

活动目标：

1. 能根据图片，找到相应的水果模型。
2. 体验在模板内涂颜料的乐趣。

活动准备：

水果挂图、水果模型、水果剪影图片、水果镂空模板、画刷、颜料。

活动过程：

一、示范互动，引起注意和兴趣

1. 教师出示水果挂图引起儿童注意，请他们说说看到了什么水果。
2. 教师继续出示水果模型，请他们认一认有哪些水果。
3. 教师示范将水果挂图与水果模型配对。

二、亲子互动：水果宝宝在哪里

1. 教师出示水果镂空模板，示范用画刷刷镂空部位，把藏在模板里的水果宝宝显现出来。
2. 教师分发模板、颜料和画刷，教师引导儿童选择自己喜欢的颜色在模板上涂画。
3. 涂好后家长引导儿童模仿说水果名称。接着让儿童把卡通图片与水果模型配对。

三、亲子游戏：找一找，配一配

1. 教师出示水果剪影图片，示范帮水果宝宝找影子。
2. 教师分发水果剪影图片和水果模型。
3. 家长先说出水果名称，让儿童去指认水果模型。
4. 家长引导儿童把找到的水果模型与相应的水果剪影进行配对。

家长指导：

家长引导儿童认识水果的时候，每次先拿两种进行指认，再增加到三种，然后逐步在一些水果中找到目标。涂色的过程中要关注儿童对颜色和涂鸦的兴趣，而不是要求作品完美。整个活动围绕配对进行，家长在游戏过程中引导儿童观察水果剪影的轮廓与水果模型之间的关系，进行适当的语言输入。

活动十四　蝴蝶真美丽

适用月龄：

13~18个月。

活动领域：

认知与语言。

活动目标：

1. 认识蝴蝶，感知蝴蝶的外形特征。

2. 通过在花丛中找蝴蝶的游戏，发展辨识能力和观察能力。

活动准备：

塑封的各色小蝴蝶和各色小花、KT板、蝴蝶标本、丝巾、课件、音乐《蝴蝶蝴蝶真美丽》。

活动过程：

一、示范互动，引起注意和兴趣

1. 教师播放课件，先出示蝴蝶的局部图片，请儿童猜猜看是什么。

2. 教师继续出示完整蝴蝶图片，引导儿童模仿说“蝴蝶”。

3. 教师出示蝴蝶标本，并给每个儿童发一份，请儿童近距离观察蝴蝶。

4. 家长描述蝴蝶的特征，引导儿童观察蝴蝶。例如，这是黄色的蝴蝶，有两只大大的翅膀，还有一个大肚子。

二、亲子互动：蝴蝶飞

1. 教师示范将丝巾系在手臂上当作翅膀，模仿蝴蝶飞的动作，并说：“蝴蝶有漂亮的翅膀，飞起来真漂亮，我们也来学学它。”

2. 教师分发丝巾，家长和儿童每人选两条彩色丝巾系在手臂上当作翅膀。

3. 教师播放音乐《蝴蝶蝴蝶真美丽》，家长引导儿童一起模仿蝴蝶飞的动作，并跟随音乐翩翩起舞。

三、亲子游戏：捉蝴蝶

1. 教师出示贴有蝴蝶和小花的KT板。

2. 教师引导儿童观察画面，找一找花丛中的蝴蝶在哪里，并把蝴蝶捉下来。

3. 家长和儿童一起观察KT板，分散玩捉蝴蝶的游戏。

家长指导：

在捉蝴蝶游戏过程中如儿童忘记捉蝴蝶的目标而去摘花，家长可以提示“这是花，那蝴蝶在哪里呢”，引导儿童去找蝴蝶。当儿童能准确捉到蝴蝶时，家长要给予儿童鼓励和肯定。

活动十五　美味的比萨

适用月龄：

13~18个月。

活动领域：

认知与语言。

活动目标：

1. 尝试用不同材料装饰比萨，建立色彩与食物的联系。

2. 体验自己动手创作比萨的乐趣。

活动准备：

比萨玩具、各种蔬菜玩具、面团、雪花片、蘑菇钉。

活动过程：

一、示范互动，引起注意和兴趣

1. 教师出示比萨玩具，引起儿童的兴趣。

2. 教师介绍比萨，引导儿童观察并认识比萨。

二、亲子互动：分比萨

1. 教师将比萨玩具“切”成一片一片分给儿童。

2. 家长再次介绍比萨上的材料，让儿童加深对比萨的认识。

3. 儿童将比萨还给教师，一片一片的比萨又变成一个大比萨。在此过程中引导儿童感知局部和整体。

三、亲子游戏：美味的比萨

1. 教师邀请儿童一起做小厨师，自己动手做一个好吃的比萨。

2. 教师出示面团，示范将面团擀成面饼。

3. 教师示范用不同材料装饰比萨，把蘑菇钉当作蘑菇，把雪花片当作肉和番茄等。

4. 教师分发材料，家长和儿童一起操作，教师进行个别指导。

家长指导：

这个月龄段的儿童对周围的事物充满了好奇，尤其喜欢模仿成人做饭。面团这个材料满足了儿童的探索欲望，每个儿童都专注于做比萨的活动中。这时家长要做一个游戏的陪伴者，而非游戏的主导者，不能要求儿童按照自己的想法做个完美的比萨。在儿童做比萨时，家长在旁边进行语言的输入，如当儿童在拍面团的时候，家长就说“拍拍拍”；当儿童把红色雪花片放在面团上时，家长可以说“红红的番茄放在比萨上”等。

活动十六　会跳舞的彩带

适用月龄：

19~24个月。

活动领域：

感知与运动。

活动目标：

感知红、绿两种颜色，尝试画出长长的线条。

活动准备：

红和绿两种颜色的彩带、欢快的背景音乐、画刷、颜料、纸。

活动过程：

一、热身手指活动：斗斗飞

1. 教师示范用两个手的食指指尖对碰，说“碰”；两个食指指尖分开，说“飞”。

2. 家长捏住儿童的食指，把儿童的两个食指尖对碰，说“碰”；再把儿童的两个食指分开，说“飞”。

3. 家长握住儿童的两根食指，跟着教师一边念儿歌，一边做并拢和分开的动作。每念一个字时食指尖对碰一次，念到“飞”字时，食指分开。（儿歌：斗斗飞，斗斗飞，斗斗斗斗飞。）

二、示范互动：美丽的彩带

1. 教师出示红色、绿色的彩带，引导儿童关注彩带。

2. 教师边挥动红色的彩带边说：“红色的彩带跳舞喽！”接着教师边挥动绿色的彩带边说：“绿色的彩带跳舞喽！”同时不断变换彩带的方向，引导儿童关注彩带挥舞的不同方向。

3. 家长选择彩带，对儿童说：“我们一起来跳彩带舞喽！”并在儿童面前挥动彩带。

4. 家长不断地变换方向挥舞彩带，锻炼儿童的追视能力。

5. 家长把彩带给儿童，鼓励儿童自己尝试挥动彩带。

三、亲子游戏：画彩带

1. 教师示范用画刷蘸颜料在纸上画出长长的线条，引导儿童想象纸上的线条是长长的彩带。

2. 教师分发画刷、颜料和纸，家长引导儿童尝试在纸上画长长的线条。

家长指导：

整个活动中家长重点关注儿童的追视和反应能力。在开始部分，家长可以与儿童面对面坐，观察手指触碰和分开时儿童的眼神变化。家长在挥舞彩带的过程中也可以让儿童去抓握彩带，锻炼反应能力。

活动十七 好玩的报纸

适用月龄：

19~24个月。

活动领域：

感知与运动。

活动目标：

练习用脚踢物体和追踩物体的动作，促进身体动作的协调发展。

活动准备：

报纸、绳子、袜子。

活动过程：

一、示范互动：好玩的报纸

1. 教师出示报纸，引导儿童认识报纸。

2. 教师引导儿童一起将报纸击破，如可以用手戳破，也可以用脚踢破。

3. 教师和儿童一起将报纸碎片收集在一起后，双手捧起向上投掷，让报纸碎片飘落下来，模仿下雨了。

二、亲子互动：踢一踢，踩一踩

1. 教师引导儿童把地上的报纸收起来做成好玩的玩具。

2. 家长引导儿童跟随教师一起把碎报纸塞在袜子里变成一个球。

3. 家长引导儿童用脚踢做好的纸球，边踢边说“踢踢踢”“踢球”等。

4. 家长将纸球系上绳子，并把纸球提升一点高度，让儿童踢到悬挂着的纸球。

三、亲子游戏：踩老鼠

1. 家长拖拉着纸球（“老鼠”）随意跑，让儿童踩住“老鼠”。

2. 家长和儿童互换角色，让儿童拉“老鼠”跑，家长追踩。

家长指导：

此月龄段的儿童大动作有了进一步发展，能用脚踢大球，同时他们对圆形的物品非常感兴趣。活动过程中家长要多观察儿童的动作，比如双臂向上伸展，可以引导儿童把双手举过肩再向上抛报纸球；踢纸球时也可以先示范，再让儿童练习。家长不要随意增加难度，避免降低儿童对游戏的兴趣，即使踢不到纸球，家长也要给予表扬。

活动十八　彩色球找朋友

适用月龄：

19~24 个月。

活动领域：

感知与运动。

活动目标：

1. 感知红、黄、蓝、绿四种颜色，并能将其进行配对。

2. 发展儿童手臂的控制能力及手眼协调能力。

活动准备：

四色海洋球、四色纸筒、四色球门、球杆、装海洋球的不透明盒子。

活动过程：

一、示范互动，引起注意和兴趣

1. 教师出示装有海洋球的盒子。让儿童把手伸入盒子中摸一摸，猜猜看是什么东西。

2. 教师给每个儿童发四种颜色的海洋球，让儿童感知不同的色彩，并自由把玩海洋球。儿童玩海洋球时，家长就语言输入相应海洋球的颜色。

二、互动游戏：小球找家

1. 教师出示四色纸筒，并说："这是小球的家，请儿童想想看怎么帮它们找到自己的家。"同时示范将小球（海洋球）放入相同颜色的纸筒中。

2. 教师分发四色纸筒，家长引导儿童把小球（海洋球）送回家。

三、亲子游戏：射门

1. 教师出示球杆和四色球门，示范用球杆把海洋球赶到对应颜色的球门里。

2. 家长引导儿童玩射门的游戏，提醒儿童找到与海洋球颜色一样的球门。

家长指导：

活动中，颜色的数量比较多，儿童在玩耍时会出现只执行一项任务的情况，比如只关注到把球放入纸筒中，或只关注到用球杆赶球，而忽略了颜色配对。家长要注意，不评价儿童的对错，采用语言描述并引导的方式让儿童正确地把球放入纸筒中，如"宝宝把绿色的球放入了红色的纸筒里啦，我们重新把绿色的球送回绿色的纸筒里吧"。运用球杆打球的时候，有的儿童会比较心急，直接用手把球放入球门，此时家长要说："宝宝用小手把球赶进了球门，我们再试一下，用球杆把球赶进球门。"

活动十九　卷袜子

适用月龄：

19~24个月。

活动领域：

感知与运动。

活动目标：

1. 认识袜子，并能将相同的袜子进行配对。
2. 体验游戏的乐趣。

活动准备：

袜子简笔画图片、贴纸、大小或长短不同的实物袜子。

活动过程：

一、示范互动，引起注意和兴趣

1. 教师出示长筒袜，引导儿童认识袜子，如袜头、袜跟、袜口。

2. 教师示范玩“袜子变变变”的游戏。首先把袜子变成小球踢一踢，然后扔一扔。再把袜子变成老鼠踩一踩。

3. 教师分发袜子，家长和儿童一起玩“袜子变变变”的游戏，可以玩教师示范的游戏，也可以自由玩耍。

4. 教师示范把长筒袜从袜头卷到袜口再放好。

5. 家长引导儿童一起把袜子卷起来放好。

二、亲子游戏：找朋友

1. 教师出示大小不同的袜子，拿出其中的单只袜子，然后在一堆袜子中找到相同的。

2. 教师分发袜子配对材料。家长引导儿童一起玩“袜子配对”的游戏。

3. 教师出示袜子图片，引导儿童将相同的袜子和图片再次进行配对。

4. 请儿童选一双喜欢的袜子，并学着穿在脚上。家长可示范引导。

三、亲子互动：好看的袜子

1. 教师出示袜子简笔画图片和贴纸，示范把贴纸贴在袜子简笔画图片上进行装饰。

2. 教师分发材料，家长和儿童一起操作，教师进行个别指导。

家长指导：

配对可以让儿童对物品有概念，提高儿童观察、认知水平，所以儿童在操作的过程中家长要反复强调“一样的”，如“宝宝真棒，找到一样的袜子了，这两只袜子是一样的”。

活动二十 放烟花

适用月龄：

19~24个月。

活动领域：

感知与运动。

活动目标：

1. 尝试向上抛物，锻炼儿童大臂的肌肉力量。
2. 锻炼手指交替进行点画。

活动准备：

海洋球、盒子、烟花筒图画、课件、彩虹伞。

活动过程：

一、示范互动，引起注意和兴趣

1. 教师播放课件中的音频，请儿童听听看是什么声音。

2. 教师出示放烟花的视频，并引导儿童模仿鞭炮和烟花的声音“噼噼”“啪”。

3. 教师引导儿童一起模仿烟花开放。教师示范将双手放在胸前，并说“噼噼”，然后说“啪”的同时双手双脚跳跃打开。

4. 儿童与家长一起用肢体动作模仿烟花开放。

二、亲子互动：大家放烟花

1. 教师示范把三个海洋球放在盒子里当作烟花，喊指令“1、2、3，啪”，将盒子里的海洋球向上抛，模仿散落的烟花。

2. 教师分发海洋球和盒子，家长引导儿童模仿放烟花。

3. 教师引导大家一起将海洋球放在彩虹伞上，然后大家同时将彩虹伞抬起，模仿放大大的烟花。

三、亲子游戏：手指点烟花

1. 教师出示烟花筒图画，请儿童猜猜看像什么。

2. 教师示范伸出手指蘸取颜料，然后在纸上的烟花筒周围点画，变成五颜六色的烟花。

3. 教师分发材料，家长和儿童一起操作，教师个别指导。

家长指导：

抛海洋球放烟花是儿童最喜欢的环节之一。家长示范抛海洋球的时候尽量把双手举过头顶，同时引导儿童模仿举高手臂，从而锻炼大臂的肌肉力量。游戏过程中家长要引导儿童分散玩耍，以免发生碰撞。

活动二十一 好玩的滴管

适用月龄：

19~24个月。

活动领域：

感知与运动。

活动目标：

1. 尝试用三指捏住滴管吸颜料，锻炼儿童的手指力度和手眼协调能力。

2. 感受用滴管做画的乐趣。

活动准备：

滴管、画纸、垫板、棕色和粉色颜料。

活动过程：

一、示范互动，引起注意和兴趣

1. 教师出示滴管，并说："宝宝看，这是什么？大大的肚子，细细的身体。它是滴管。"

2. 教师逐一介绍滴管结构：肚子、嘴巴、身体。

3. 教师示范用滴管吸水和放水："把滴管伸入水中捏一捏大大的肚子然后放开，水就吸到了大大的肚子里面。继续捏一捏大大的肚子，水又吐出去了。"

二、亲子互动：捏一捏，滴一滴

1. 教师发放滴管让儿童摆弄感知一下。

2. 家长引导儿童用三指捏一捏滴管大大的肚子。

3. 家长示范滴管吸水的过程，并引导儿童观察。

4. 家长引导儿童尝试用三指捏和放开吸管的大肚子。

三、亲子游戏：好玩的滴管画

1. 教师拿出画纸和颜料，并示范用滴管吸颜料，再竖起来将颜料滴在画纸上。家长引导儿童观察颜料从上流下来的过程。

2. 教师引导儿童观察滴在纸上的颜料变成了"树枝"，并说："春天到了，树干上开满了桃花。"同时示范在"树枝"上进行手指点画，一边点一边念儿歌："点点点，桃花开。"

3. 教师给每组家庭分发画纸和颜料，家长和儿童一起操作，教师个别指导。

家长指导：

滴管是儿童都很感兴趣的材料，当出示滴管时大家迫不及待地抢着玩。有的儿童精细动作发展较好，能较熟练地把颜料吸上来，对于这样的儿童，可以给他新的挑战，如用滴管画出弯弯曲曲的树枝。有的儿童手指还不太灵活，动作生疏，家长可以反复引导。

活动二十二 糖果甜甜

适用月龄：

19~24 个月。

活动领域：

感知与运动。

活动目标：

1. 通过“拆包装”和“包糖果”的游戏，促进儿童双手协调性的发展。

2. 感知声音的有无和不同材料的纸撕开时所发出的不同声音。

活动准备：

不同形状的糖果、包好的盒子、报纸、用皱纹纸包好的糖果模型、糖果罐图片、点画颜料、课件。

活动过程：

一、示范互动，引起注意和兴趣

1. 教师把糖果模型放在一只手的手心里，同时念儿歌：“公鸡头、母鸡头，猜猜哪一头？”请儿童猜猜教师哪只手里有东西，引起儿童兴趣。游戏过程中教师可以将糖果模型露出一点，帮助儿童理解“猜”的规则。

2. 教师给每组家庭发一个糖果模型，家长和儿童互动玩猜糖果的游戏。

二、亲子互动：拆礼物

1. 教师出示盒子，并一边摇晃盒子一边说：“盒子里面有什么东西啊？我们把它拆开看一看。”

2. 教师给每组家庭发一个盒子。

3. 儿童探索拆开盒子的办法，拿到盒子中的糖果。同时，家长进行语言输入：“一块圆圆的糖果，一块方方的糖果。”

4. 教师出示一个圆圆的盒子和一个方方的盒子，请儿童把糖果按形状配对放在相应形状的盒子中。

三、亲子游戏：糖果甜甜

1. 教师播放课件，引出糖果罐，并介绍说：“糖果罐可以用来装糖果。”

2. 教师出示糖果罐图片，并说：“哎呀，这个糖果罐空了，我们来把糖果罐装满吧。”

3. 教师示范用手指点画，在糖果罐图片中点上各种颜色的糖果。

4. 教师给每组家庭分发糖果罐图片及点画颜料。家长引导儿童在糖果罐图片上点画糖果，教师进行个别指导。

家长指导：

这个月龄段的儿童对周围事物充满了好奇，有些儿童在拆盒子的时候力气有点小，这时家长不要完全代替，可以帮助拆开一小块，剩下的部分让儿童自己完成，以免破坏孩子的兴趣。点画环节也是一样，即使儿童没有在糖果罐中点画，也要多多给予鼓励。

活动二十三　小鸟飞飞

适用月龄：

19~24个月。

活动领域：

感知与运动。

活动目标：

1. 尝试将红、黄、蓝三色进行配对。
2. 初步认识小鸟，模仿小鸟的叫声和动作。

活动准备：

红、黄、蓝三种颜色的小鸟图片，课件，颜料，红、黄、蓝三种颜色的鸟笼图片，丝巾。

活动过程：

一、示范互动，引起注意和兴趣

1. 教师播放课件中小鸟叫声的音频，引出小鸟。
2. 教师继续播放视频，引导儿童初步认识小鸟。
3. 教师介绍小鸟的特征，如小鸟的叫声、小鸟怎么飞行等。

二、亲子互动：小鸟飞

1. 教师示范模仿小鸟叫声和飞的动作。
2. 教师引导家长和儿童一起模仿小鸟。
3. 教师分发丝巾作为翅膀，引导家长和儿童跟随音乐模仿小鸟飞的动作。

三、亲子游戏：小鸟回家

1. 教师给每组家庭分发红、黄、蓝三种颜色的小鸟图片和对应颜色的鸟笼图片，并说："小鸟玩累了，想要回家了。我们一起帮帮它们吧。"
2. 教师示范将小鸟与相同颜色的鸟笼配对。
3. 家长引导儿童进行操作，教师个别指导。

家长指导：

教师在示范模仿小鸟飞的过程中，家长注意观察儿童是否能有意识地模仿教师，如果没有模仿，可以握着儿童的手臂一起模仿，并在这一过程中关注儿童双臂是否举过头顶，判断手臂大动作发展情况。

活动二十四　小星星回家

适用月龄：

19~24个月。

活动领域：

感知与运动。

活动目标：

1. 认识星星，能在轮廓线上粘贴贴纸。

2. 乐于参与集体游戏，体验游戏的乐趣。

活动准备：

星星贴纸、星星玩具、印有三种形状（圆形、正方形、三角形）的纸、即时贴、《小星星》课件。

活动过程：

一、示范互动，引起注意和兴趣

1. 教师播放课件引出星星。

2. 教师边操作课件边引导儿童跟随教师模仿说“星星”。

3. 教师出示星星玩具，引导儿童认识星星的形状。

4. 教师示范并指导家长和儿童一起跟随《小星星》音乐做律动。

二、亲子互动：跟着线走

1. 教师播放课件，演示小星星沿着不同形状的轮廓线走。

2. 教师示范模仿星星沿着地上的形状轮廓线走一走。

3. 家长引导儿童模仿星星在形状轮廓线上走一走。

三、亲子游戏：小星星走走走

1. 教师示范在形状轮廓线上贴星星贴纸并输入语言：“小星星走走走。”

2. 每组家庭分发一份材料，各组家庭分散开，家长辅助儿童操作，教师个别指导。

家长指导：

这个月龄段的儿童喜欢随意地粘贴和涂鸦，当儿童没有把贴纸贴在轮廓线上时，家长不要撕下贴错位置的贴纸，但可以再次示范贴一个贴纸，并说：“我们也可以把贴纸贴在这里。”并用手指一指形状轮廓线，提醒儿童按照目标要求去玩，让其理解游戏规则。

活动二十五 连在一起

适用月龄：

19~24个月。

活动领域：

情感与社会性。

活动目标：

1. 聆听故事《连在一起》，感知有趣的故事内容。

2. 激发早期阅读的兴趣。

活动准备：

绘本《连在一起》的课件、小动物玩偶、绘本《连在一起》。

活动过程：

一、示范互动，引起注意和兴趣

1. 手指游戏导入：教师示范将身体部位连在一起，如将双手的食指指尖碰在一起，一边做一边说："食指和食指是好朋友，它们喜欢连在一起。"

2. 请家长和儿童来玩"连在一起"的游戏，家长和儿童各伸出一根手指，手指和手指连在一起。

3. 教师请家长听指令和儿童一起玩互动游戏，如鼻子和鼻子连在一起；额头和额头连在一起。

二、亲子互动：我们一起读绘本

1. 教师播放《连在一起》的绘本课件，并讲述故事。

2. 教师给每组家庭发放一本绘本。

3. 教师指导家长进行亲子共读，指导家长在读故事时，一边读一边指着正在说的内容，引起共同注意，帮助儿童理解所讲述的内容。

三、亲子游戏：连在一起

1. 教师出示小动物玩偶，请儿童一起说说来了哪些动物。

2. 教师给每组家庭发一些小动物玩偶。

3. 家长和儿童一起玩"动物连在一起"的游戏。例如，家长拿出一只兔子玩偶，请儿童找一找另一只兔子玩偶，让兔子和兔子连在一起。同时家长要进行语言输入："兔子和兔子连在一起了。"

家长指导：

阅读绘本的过程中，家长要读到哪里手指指到哪里，儿童在追视图片的过程中会慢慢理解看绘本时的阅读顺序。家长的语言要简短、重复性高，有助于儿童理解语言的意义。

活动二十六　送小动物回家

适用月龄：

19~24个月。

活动领域：

情感与社会性。

活动目标：

1. 通过听一听、看一看、猜一猜，了解公鸡、青蛙、鸭子的特点。
2. 尝试根据小动物的颜色进行配对。

活动准备：

三种小动物叫声的音频、三种小动物的律动音乐、三种小动物的手偶和图片、自制三种颜色的房子、夹子、仿真草坪。

活动过程：

一、示范互动，引起注意和兴趣

1. 教师依次播放公鸡、青蛙、鸭子的叫声，引导儿童通过听一听、猜一猜认识三种小动物。
2. 教师继续出示手偶，引导儿童和小动物们打招呼并模仿它们的叫声。

二、亲子互动：学一学，做一做

1. 教师示范模仿三种小动物的走路方式。
2. 引导家长和儿童跟随音乐节奏一同模仿小动物的走路方式。

三、亲子游戏：小动物回家

1. 教师出示仿真草坪，仿真草坪上放置一些小动物图片，并说："小动物们在草地上玩累了，我们送它们回家吧。"
2. 教师出示三种颜色的房子，并说："小动物们要回到和它颜色一样的房子里去。请儿童把小动物们送回家。"
3. 教师示范用夹子把仿真草坪上的小动物图片夹起来，并将小动物图片送到相应颜色的房子里。
4. 教师给每组家庭发放材料，家长引导儿童将小动物送回家。

家长指导：

儿童很喜欢模仿小动物，已经有了认识小动物的名称和知道小动物的叫声的能力。随着儿童听觉和语言理解能力的增强，家长在输入语言的过程中可以从拟声词过渡到名称，进一步发展儿童的语言。有些儿童不能准确地进行颜色配对，家长也不要急于纠正，要引导儿童先观察，然后再去操作。

活动二十七 气球小熊

适用月龄：

19~24个月。

活动领域：

情感与社会性。

活动目标：

1. 感知气球小熊会变大、变小，尝试模仿气球爆炸的声音。

2. 感知小熊的不同情绪。

活动准备：

气球、绳子、画笔、课件。

活动过程：

一、示范互动，引起注意和兴趣

1. 教师出示气球小熊（气球上画小熊），引入主题。

2. 教师吹气球或给气球放气，引导儿童感知气球变大、变小的过程。

3. 教师示范过程中可以输入语言："气球一会变大、一会变小真奇怪。"

二、亲子互动：气球小熊

1. 教师播放课件，讲述故事情节。

2. 教师有感情地讲述故事，遇到气球变大的画面时，教师吹气球演示给儿童看，激发儿童听故事的兴趣。

3. 教师示范模仿故事中气球爆破的声音/pɑ/，家长鼓励儿童进行模仿。

三、亲子游戏：变大变小的气球

1. 教师示范吹气球，然后放飞气球时提醒家长观察儿童追视气球的能力。

2. 教师给每组家庭发放气球和画笔，家长引导儿童练习吹气球并在气球上面涂鸦。

3. 家长与儿童互动玩"变大变小的气球"游戏，教师个别指导。

家长指导：

气球是儿童很喜欢的玩具，尤其是气球变大后再泄气飞舞的过程，可以锻炼儿童的追视能力，家长注意观察儿童的追视反应。听教师讲述绘本的过程中，家长要利用声学强调的技巧进行语言输入，帮助儿童理解变大和变小。

活动二十八 抓小鱼

适用月龄：

19~24个月。

活动领域：

认知与语言。

活动目标：

1. 认识小鱼，尝试模仿发/yu/的音。

2. 在抓小鱼的活动中发展儿童的平衡能力。

活动准备：

贴有小鱼的画纸、床单、蓝色颜料、圆头海绵画刷、大鱼玩偶、小鱼游的视频。

活动过程：

一、示范互动，引起注意和兴趣

1. 教师用布遮住大鱼玩偶，只露出尾巴，请儿童猜猜是什么动物。

2. 教师边出示大鱼玩偶边语言输入/yu/的音，引导儿童认识鱼。

3. 家长引导儿童尝试模仿发/yu/的音。

4. 教师边做小鱼游的动作边念儿歌："小鱼小鱼，游游游。快快游，慢慢游。"

5. 教师继续输入/yu/的音，然后从大鱼的肚子里面拿出一条小鱼。

6. 教师请每位儿童先模仿发音，再模仿教师从大鱼的肚子里拿出一条小鱼作为奖励。

二、亲子互动：抓小鱼

1. 教师出示一张"渔网"（床单），儿童作为小鱼，家长撒网抓小鱼。

2. 儿童坐在地上，家长边说抓小鱼的儿歌边抖动"渔网"，当说到"快快抓住"的时候，用床单罩住儿童。

3. 播放抓小鱼的音乐，儿童坐床单上，两位家长拉起"渔网"跟随音乐的节奏晃动。当听到"抓住"的时候，把"渔网"放在地上包住儿童。

三、亲子游戏：小鱼吐泡泡

1. 教师播放小鱼游的视频，引导儿童观察游来游去的小鱼。

2. 教师出示贴有小鱼的画纸，示范用画刷点出圆圆的泡泡进行添画。

3. 教师给每组家庭分发材料，家长辅助儿童添画并输入语言，如"小鱼吐泡泡”，强化目标音/yu/。

家长指导：

床单游戏不仅可以锻炼儿童的平衡力和核心力量，还可以刺激儿童的前庭发展。家长在摇晃床单的过程中不宜用力过大和过快，要先观察儿童的反应，如儿童比较害怕，可以把儿童抱在怀中先看同伴玩，然后再慢慢尝试。家长尽量与儿童面对面互动，不要让儿童背向家长，避免增加儿童的恐惧感。

活动二十九　好吃的橘子

适用月龄：

19~24 个月。

活动领域：

认知与语言。

活动目标：

在剥一剥、尝一尝的过程中促进儿童手眼协调能力的发展。

活动准备：

橘子、橘子轮廓简笔画、神秘袋、固体胶。

活动过程：

一、示范互动，引起注意和兴趣

1. 教师事先将橘子放在神秘袋中，请儿童摸一摸并猜一猜是什么。教师输入语言："摸起来冰冰凉凉的、圆圆的。"

2. 教师引导儿童将鼻子凑近神秘袋闻一闻是什么味道。

3. 教师从神秘袋中拿出橘子请儿童认识一下。输入语言："橘子是橙色的，圆圆的。"

二、互动游戏：剥橘子

1. 教师示范剥橘子的方法，边剥边输入/bo/的音。

2. 家长引导儿童剥橘子，并做语言输入："剥、剥、剥橘子。"

3. 请儿童尝一尝橘子的味道，家长语言输入："橘子酸酸的，甜甜的。"

4. 引导儿童喂家长吃橘子。

三、亲子游戏：橘子皮贴画

1. 教师出示橘子轮廓简笔画，请儿童认一认这也是橘子。

2. 教师示范用橘子皮贴在橘子简笔画轮廓中。

3. 家长辅助儿童操作橘子皮贴画。

家长指导：

这个月龄段的儿童是通过感知觉来认识周围事物的。儿童在摸、闻、尝的过程中，家长要及时输入语言，让儿童把物品和感知觉建立联系，如"摸起来圆圆的、滑滑的，吃起来酸酸甜甜的"。在剥橘子环节，如果有儿童剥不开，家长可以先剥开一块，再让给儿童继续剥，锻炼儿童手部精细动作。

活动三十 小黑捉迷藏

适用月龄：

19～24个月。

活动领域：

认知与语言。

活动目标：

1. 认识黑色，并能从一幅画面中找出黑色。

2. 体验用工具涂鸦的乐趣。

活动准备：

绘本《小黑捉迷藏》、课件、黑色颜料、圆头海绵画刷、黑色的圆形纸。

活动过程：

一、示范互动，引起注意和兴趣

1. 教师出示黑色的圆形纸，引导儿童认识黑色。

2. 教师示范对着黑色圆形纸发/hei/的音，请每个儿童轮流模仿。引出故事《小黑捉迷藏》。

3. 教师播放课件第一页，请儿童找一找哪个是小黑。

4. 引导儿童指出小黑的位置，家长输入语言："小黑在某某地。"

5. 以同样的方式播放至最后一页课件，与儿童互动指认小黑在哪里。

二、亲子互动：我们一起读绘本

1. 每组家庭发一本绘本，继续巩固故事内容。

2. 教师示范第二次阅读绘本时加入小游戏：告知儿童小黑要藏起来了，请用双手遮住眼睛，当数到"3"时，再让儿童睁开眼睛去指认小黑在哪里。

3. 家长与儿童重复游戏，反复练习表达"小黑在这里"。

三、亲子游戏：小黑在这里

1. 教师示范用圆头海绵画刷点画小黑。

2. 每组家庭发一份材料，儿童点画，家长输入语言"黑"。教师个别指导。

家长指导：

教师讲述绘本时，家长观察儿童是否能专注地听故事并理解内容，如果儿童表现为不感兴趣，家长可以在儿童耳边重复教师讲述的内容，引起儿童注意，再引导儿童观看画面。

活动三十一　魔法宝贝

适用月龄：

19~24个月。

活动领域：

认知与语言。

活动目标：

1. 在舀一舀、摇一摇的过程中感受不同材料在水中的变化。

2. 在亲子互动中体验游戏的乐趣。

活动准备：

装水的瓶子，红、绿颜料，盐，红色芸豆，勺子，托盘，音乐。

活动过程：

一、示范互动，引起注意和兴趣

1. 教师出示两个装水的瓶子，用神秘的语气告知儿童其中的一个瓶子里有“魔法宝贝”，会变身。

2. 教师示范边摇晃瓶子边说“咒语”：“摇摇摇，变变变。”

3. 教师将两个瓶子放在一起比较，引导儿童观察哪个瓶子发生了变化。

4. 教师鼓励儿童用手指出变化了的瓶子，家长输入语言：“这个瓶子变成了××颜色。”

5. 每组家庭发一份材料，家长辅助儿童尝试让瓶子里的水“变身”。

二、亲子互动：寻找魔法宝贝

1. 教师打开瓶盖引导儿童观察，因为没有变色的瓶子里面没有“魔法宝贝”，所以它怎么摇都不会“变身”。

2. 教师出示三种“魔法宝贝”（盐、红色芸豆、颜料）让儿童认识。

3. 教师示范将盐和红色芸豆放入瓶子中，引导儿童观察水的变化。

4. 每组家庭发一份材料，家长辅助儿童把其他“魔法宝贝”放入瓶子中观察水的变化。

三、亲子游戏：和魔法瓶一起跳舞

1. 教师引导儿童把三个瓶子放在一起进行比较，观察有什么不同，并进行语言输入：“颜色不同。”

2. 教师示范和“魔法瓶”跳个舞，并念儿歌：“魔法瓶举起来，魔法瓶摇一摇，魔法瓶滚一滚。”

3. 结束活动，教师引导儿童把“魔法瓶”放入对应的玩具盒中。

家长指导：

在亲子互动过程中，由于好奇，儿童喜欢随意摆弄材料，这时家长不要急于让儿童完全按照教师的操作步骤进行模仿，要跟随孩子的兴趣，喜欢观察材料的就多感知材料，喜欢探索水中材料形态的就先操作。

活动三十二　大大和小小

适用月龄：

19~24个月。

活动领域：

认知与语言。

活动目标：

1. 在故事的讲述中，感知、比较物体的外形特征，感知大和小的不同。

2. 对绘本故事感兴趣，能理解故事内容。

活动准备：

橡皮泥、托盘、垫板、沙蛋、自制绘本《大大和小小》。

活动过程：

一、示范互动，引起注意和兴趣

1. 教师出示一大一小的2个圆形橡皮泥。

2. 引导儿童观察它们大小不一样。

3. 教师告知儿童它们一个叫“大大”，一个叫“小小”，引出故事《大大和小小》。

二、亲子互动：我会讲故事

1. 教师出示橡皮泥，引起儿童的兴趣。

2. 教师示范搓揉橡皮泥变出“大大”和“小小”。

3. 教师示范边操作橡皮泥边讲述故事。

4. 教师分发材料，家长辅助儿童表演故事。

三、亲子游戏：橡皮泥变变变

1. 教师再次完整讲述一遍故事。

2. 每组家庭分发一份橡皮泥，让儿童探索新玩法，感受橡皮泥的变化。

家长指导：

儿童一接触橡皮泥就喜欢上了。有的儿童对故事内容理解较好，能模仿教师按照故事的顺序演示。在操作中家长要注意观察儿童，有些儿童还处于口腔敏感期，玩耍时看管儿童不要把橡皮泥放入口中，也不要强迫儿童完全按照故事顺序操作，要关注儿童对材料的兴趣。

二、2~3岁听障儿童发展性课程教学示范活动

25~30个月的听障儿童已接受了较长时间的康复，有了一定的听觉积累，部分儿童开始有语言输出，在游戏中可鼓励儿童自主发音。该部分包含感知与运动领域示范教案6篇，情感与社会性领域3篇，认知与语言领域7篇。31~36个月的听障儿童即将进入全日制托幼机构，已具备了较好的听说能力，在游戏中应关注听障儿童的规则意识和情感表达，为进入全日制托幼机构做准备。该部分包含感知与运动领域示范教案4篇，情感与社会性领域5篇，认知与语言领域7篇。2~3岁听障儿童发展性课程教学示范活动目录见表3-2。课程详细内容见后文。

表3-2　2~3岁听障儿童发展性课程教学示范活动目录

编号	活动名称	适用月龄	活动领域
1	爆米花	25~30个月	感知与运动
2	藏猫猫	25~30个月	感知与运动
3	吹泡泡	25~30个月	感知与运动
4	小蜘蛛织网	25~30个月	感知与运动
5	洗澡	25~30个月	感知与运动
6	贪吃的青蛙	25~30个月	感知与运动
7	我妈妈	25~30个月	情感与社会性
8	鳄鱼怕怕	25~30个月	情感与社会性
9	我爸爸	25~30个月	情感与社会性
10	红绿苹果	25~30个月	认知与语言
11	小鸭子洗澡	25~30个月	认知与语言
12	下雨啦	25~30个月	认知与语言
13	一步一步走啊走	25~30个月	认知与语言
14	插鱼鳞	25~30个月	认知与语言
15	汉堡包	25~30个月	认知与语言
16	一颗纽扣	25~30个月	认知与语言
17	弹珠画	31~36个月	感知与运动
18	小兔子拔萝卜	31~36个月	感知与运动
19	愤怒的小鸟	31~36个月	感知与运动
20	小小变色鱼	31~36个月	感知与运动
21	长大长大，越长越大	31~36个月	情感与社会性

续表

编号	活动名称	适用月龄	活动领域
22	大海里我最大	31~36个月	情感与社会性
23	情绪脸谱	31~36个月	情感与社会性
24	动物的尾巴	31~36个月	情感与社会性
25	小猫找尾巴	31~36个月	情感与社会性
26	谁藏起来了	31~36个月	认知与语言
27	方位游戏	31~36个月	认知与语言
28	神奇的水	31~36个月	认知与语言
29	小蜗牛	31~36个月	认知与语言
30	滴答滴答，下雨了	31~36个月	认知与语言
31	颜色变变变	31~36个月	认知与语言
32	神奇的刷子	31~36个月	认知与语言

活动一　爆米花

适用月龄：

25~30个月。

活动领域：

感知与运动。

活动目标：

1. 通过不同游戏认识爆米花，尝试模仿发/peng/的音。

2. 体验游戏的乐趣，建立简单的规则意识。

活动准备：

爆米花桶、爆米花玩具、毛巾、彩色皱纸、胶棒、爆米花桶图案、海洋球。

活动过程：

一、示范互动，引起注意和兴趣

1. 教师出示爆米花桶，并摇晃爆米花桶引起儿童注意。

2. 请儿童听一听、猜一猜里面有什么好吃的。

3. 教师继续摇晃爆米花桶，“爆出”爆米花玩具，引导儿童初步认识爆米花。

4. 教师示范边念儿歌边摇晃爆米花桶：“爆米花，噼噼啪，时间到了就爆炸。3，2，1，砰！”语音结束时将爆米花桶向上抛，“爆出”爆米花。

二、亲子互动：爆米花在哪里

1. 教师介绍游戏规则：将桶中的爆米花抛到空中落地后，请儿童捡回放入桶中，游戏重复2~3次。

2. 家长与儿童互动游戏，用海洋球代替爆米花，把“爆米花”（海洋球）放在毛巾中，边摇晃边念儿歌，说到/peng/的时候才可以向上抛球。

3. 鼓励儿童向上抛球，教师指导家长边捡球边输入语言：“爆米花‘爆’好了。”

三、互动游戏：贴爆米花

1. 教师出示爆米花桶图案，示范撕纸条，再把纸条揉成团变成“爆米花”，贴在桶上。

2. 教师引导儿童想象不同颜色的纸代表不同口味的爆米花。

3. 家长辅助儿童贴爆米花，并输入语言，如“红红的是草莓味的爆米花”等。

家长指导：

活动中向上抛球的过程家长要及时引导儿童分散在空地上玩耍，避免在游戏的过程中发生碰撞。提醒儿童当听到/peng/的时候才可以抛出球。

活动二　藏猫猫

适用月龄：

25~30个月。

活动领域：

感知与运动。

活动目标：

1. 听一听，做一做，感受音乐中的停顿。

2. 通过摸一摸物品外形，锻炼手部触感。

活动准备：

纱巾、各种材质小玩具、摸袋、《藏猫猫》课件。

活动过程：

一、示范互动，引起注意和兴趣

1. 教师播放课件中《藏猫猫》视频，引起儿童的兴趣。

2. 教师示范跟着音乐做藏猫猫动作，音乐停时动作停。

3. 教师跟随音乐拿纱巾遮住脸，示范玩“藏猫猫”的游戏。

二、亲子互动：藏猫猫

1. 家长拿纱巾跟随音乐在儿童眼前上、下、左、右移动，玩“藏猫猫”的游戏。音乐停时，家长露出脸，同时可以发出“喵——”的声音。

2. 教师示范将纱巾盖在物品上，音乐停止时打开，每次让儿童看到不一样的物品。

三、亲子游戏：找一找

1. 家长帮助儿童从摸袋里找到和老师出示的一样的物品。

2. 跟着音乐，去找摸袋里的东西，音乐停时出示自己找到的物品。

家长指导：

这个月龄段的儿童对藏猫猫游戏非常感兴趣，喜欢物品突然出现的喜悦感。家长可以在活动中引导儿童边看边听，将音乐与动作相对应，有音乐时就进行藏猫猫动作，音乐停就停止动作。藏猫猫的活动可以在家用多种形式进行。

活动三　吹泡泡

适用月龄：

25~30个月。

活动领域：

感知与运动。

活动目标：

1. 通过儿歌让儿童感知声音的高、低。

2. 体验音乐游戏的快乐。

活动准备：

音乐《吹泡泡》、泡泡棒、小动物头饰。

活动过程：

一、示范互动，引起注意和兴趣

1. 教师出示泡泡棒引起儿童兴趣，并说："今天老师要和宝宝们玩一个特别的游戏。呼!"

2. 教师示范吹泡泡，引导儿童观察泡泡一会儿飞得高，一会儿飞得低。

二、亲子互动：大家一起吹泡泡

1. 儿童和家长面对面坐下，当听到音乐中相应的词时，做出相应的动作。例如，当听到"变高了"，家长和儿童举起双手，家长输入语言"变高了"。

2. 儿童和家长手拉手，拉成一个圆圈，再次感知音乐，并做出相应的动作。例如，当听到"变高了"，家长和儿童一起踮起脚尖，双手举过头顶。

三、亲子游戏：吹泡泡

1. 请儿童拿取泡泡棒，家长示范吹泡泡，儿童抓泡泡。

2. 教师播放音乐，引导家长辅助儿童跟随音乐玩"吹泡泡"的游戏。

3. 请儿童挑选喜欢的小动物头饰，跟随音乐节奏玩"吹泡泡"的游戏。家长辅助儿童尝试吹泡泡。

家长指导：

这个月龄段的儿童喜欢听音乐做动作，能跟随音乐的变化而变换动作。在前期儿童感受了大和小的基础上，让儿童感知高和低。让儿童更形象地感受音乐，获得积极的情绪体验，促进儿童的全面发展。

在亲子游戏时，家长要提醒儿童，吹泡泡时，嘴巴圆唇，要将气息往外吐，避免游戏中的误食、误吸。家长也可在家庭中找找大、小、高、低的物品，巩固所学知识。

活动四　小蜘蛛织网

适用月龄：

25~30个月。

活动领域：

感知与运动。

活动目标：

1. 尝试用绕线、滚球的方式制作蜘蛛网。

2. 知道蜘蛛会织网，体验涂鸦的乐趣。

活动准备：

蜘蛛图片、蜘蛛手偶、毛线、玩具、大篮筐、木棍、贴有昆虫图片的绘画纸、木珠、托盘、颜料、课件。

活动过程：

一、示范互动，引起注意和兴趣

1. 教师出示神秘袋，请儿童触摸里面的蜘蛛手偶。

2. 教师拿出蜘蛛手偶，逐一和儿童打招呼，引导儿童也和蜘蛛打招呼。

二、亲子互动：蜘蛛吐丝

1. 播放课件，认识蜘蛛，了解蜘蛛会织网。

2. 教师出示自制蜘蛛吐丝教具，引导儿童拉线，并发出/la/这个音。

3. 教师示范边拉线边把线缠绕在木棍上。

4. 每组家庭分发一份材料，家长辅助儿童绕线，教师个别指导。

三、亲子游戏：蜘蛛织网

1. 教师示范用毛线绕玩具，织成“蜘蛛网”。

2. 教师示范用木珠蘸颜料在绘画纸上滚球，留下颜料运动轨迹“变成”蜘蛛网抓住了贴在上面的昆虫。

3. 请儿童选择喜欢的材料模仿教师制作“蜘蛛网”，家长辅助，教师巡回指导。

家长指导：

儿童对拉“蜘蛛丝”很感兴趣，喜欢把线拉得很长很长，这时家长可以引导儿童发/la/的音。对于不会绕线的儿童，家长要及时提供帮助，以免儿童出现畏难情绪而放弃游戏。

活动五　洗澡

适用月龄：

25~30个月。

活动领域：

感知与运动。

活动目标：

1. 初步理解故事内容，尝试将水舀到塑料瓶中，锻炼手部精细动作。

2. 喜欢玩水游戏，懂得讲卫生、勤洗澡。

活动准备：

塑料瓶、碗、水瓢、奶粉勺、水、塑料小动物、盒子、毛巾、课件、音乐《我爱洗澡》。

活动过程：

一、示范互动，引起注意和兴趣

1. 教师播放动物叫声，吸引儿童注意力。

2. 教师出示小猪，介绍小猪的基本特征，如小猪有大大的肚子、短短的尾巴等。

二、亲子互动：肥皂泡泡

1. 教师出示课件，讲述故事。

2. 家长与儿童一起聆听故事，了解洗澡的过程和所需物品。

3. 请儿童指一指、认一认洗澡用品，家长进行语言输入。

4. 教师播放音乐《我爱洗澡》，带领家长和儿童一起跟随音乐做律动。

三、亲子游戏：小动物洗澡

1. 教师出示教具并示范用水瓢舀水给小动物洗澡。

2. 家长辅助儿童帮小动物洗澡。

家长指导：

25~30个月的儿童能自己用汤勺吃东西。在活动中通过让儿童尝试舀水，来锻炼儿童手部的精细动作。同时，在这个时期儿童手腕的力量也开始变大，可以拧瓶盖、画横线、画竖线、切水果等。且随着抓握姿势的熟练，儿童开始尝试根据工具的特点来使用工具，从而满足自己的好奇心。在家里，可以给儿童提供各种工具来舀物品或水，如碗、小勺子、大汤勺、杯子等。这样既可以锻炼儿童的手部精细动作，又可以满足儿童的求知欲。

活动六 贪吃的青蛙

适用月龄：

25~30个月。

活动领域：

感知与运动。

活动目标：

1. 认识青蛙，了解青蛙的基本特征。
2. 尝试吹动卷龙，锻炼气息的稳定性。

活动准备：

卷龙、昆虫图片、青蛙玩偶、纸青蛙、课件。

活动过程：

一、示范活动，引起注意和兴趣

1. 教师播放青蛙的叫声，请儿童猜猜看是什么动物在叫。
2. 教师出示青蛙玩偶，并介绍青蛙的基本特征，让儿童认识一下青蛙。
3. 家长引导儿童一起学一学青蛙跳。

二、亲子互动：贪吃的青蛙

1. 教师播放视频，让儿童了解青蛙喜欢吃虫的习性。
2. 教师示范吹卷龙，模仿青蛙吐舌头吃虫子的动作。
3. 教师分发卷龙，请儿童和家长一起吹卷龙，学一学小青蛙吃虫子。
4. 教师把昆虫图片一侧贴上双面胶，当卷龙触碰时可以把昆虫粘起来，增强游戏的趣味性。

三、亲子游戏：青蛙抓小虫

1. 请家长和儿童一起学青蛙双脚跳，去捉“昆虫”。
2. 儿童捉到“昆虫”后喂给青蛙玩偶。

家长指导：

25~30个月的儿童到了练习双脚原地跳的阶段，在亲子游戏中可以通过模仿青蛙练习跳的动作，不仅可以锻炼儿童双脚原地跳的能力，也让儿童了解青蛙有会跳的本领。在练习初期家长可以提供一些辅助。儿童在吹卷龙的时候，家长要注意观察儿童是否会向外呼气，如果儿童不会向外呼气，家长可以捏住儿童鼻子，让其感受从嘴巴向外送气的过程，然后再用嘴巴包住卷龙用力吹，儿童能做到后再逐渐加长吹气时间，以及练习对呼气气流的稳定控制。

活动七　我妈妈

适用月龄：

25~30个月。

活动领域：

情感与社会性。

活动目标：

1. 喜欢听故事，并能尝试观察、理解画面所表达的意思。

2. 愿意在大家面前找到并指认出自己的妈妈。

活动准备：

绘本《我妈妈》（儿童用书）、绘本《我妈妈》（大号教师用书）、儿童和妈妈的照片制作成的课件、妈妈头像简笔画、各种颜色的手工纸、胶水、音乐《爱我你就抱抱我》。

活动过程：

一、示范互动，引起注意和兴趣

1. 播放音乐《爱我你就抱抱我》，教师带领家长和儿童一起跟随音乐做律动，初步感受妈妈对儿童的爱。

2. 教师出示绘本，介绍封面，引出故事。

3. 教师有感情地讲述一遍绘本。

4. 每组家庭分发一本绘本，教师指导家长与儿童再欣赏一遍绘本，并鼓励儿童尝试表达“妈妈会××”。

二、亲子互动：找一找我妈妈

1. 教师播放儿童和妈妈的照片制作成的课件，请儿童认一认自己的妈妈。

2. 鼓励儿童大胆地尝试走到大家面前找到并指认出自己的妈妈，并抱抱或亲亲妈妈。

三、亲子游戏：我来装扮妈妈

1. 教师出示妈妈头像简笔画，示范将彩色的手工纸撕成小块状粘贴在“妈妈”的头发上。

2. 操作过程中，教师指导家长观察儿童撕纸条的动作并辅助粘贴装扮“妈妈”的头发。

3. 教师邀请儿童上台展示自己装扮的作品。

4. 教师播放音乐，在《爱我你就抱抱我》的音乐中结束活动。

家长指导：

活动过程中家长要不断引导儿童尝试表达“我爱妈妈”“妈妈抱抱我”等，不会表达的儿童的家长每个环节都要进行语言输入，强化儿童的听觉理解。

活动八　鳄鱼怕怕

适用月龄：

25～30个月。

活动领域：

情感与社会性。

活动目标：

1. 愿意和老师一起看绘本，懂得保护牙齿。

2. 体验牙刷涂画的乐趣，锻炼小肌肉群。

活动准备：

《鳄鱼怕怕，医生怕怕》课件、鳄鱼玩具、医生手偶、画有零食图案的画纸（白色油画棒画的零食简笔画）、刷子、颜料、鳄鱼图片、牙刷。

活动过程：

一、示范互动，引起注意和兴趣

1. 教师出示用布遮挡的鳄鱼玩具，描述鳄鱼的基本特征，请儿童猜猜看这是什么动物。

2. 教师出示鳄鱼玩具，引导儿童和鳄鱼打招呼。

3. 教师以鳄鱼的口吻表演牙齿痛，引出故事。

二、亲子互动：我会刷牙

1. 教师运用简单句式结合教具表演一遍故事。

2. 教师播放故事课件，完整地讲述一遍故事。

3. 教师小结：鳄鱼吃了好多东西不刷牙，所以才会牙疼。

4. 教师出示牙刷，并鼓励儿童尝试表达“牙刷”。

5. 教师示范用牙刷刷牙的方法，并输入儿歌：“刷、刷、刷刷牙，上刷刷，下刷刷，左刷刷，右刷刷，刷刷牙齿真干净。”

6. 每组家庭分发一把牙刷，引导儿童练习使用牙刷。

三、亲子游戏：帮助鳄鱼刷牙

1. 教师出示画纸，示范用刷子在上面刷颜料，边刷边输入语言：“我来帮你刷刷牙。”

2. 教师展示画纸上刷出来的零食，并说出零食名称。

3. 每个家庭分发一份材料，家长辅助儿童用刷子刷颜料，并输入语言：“小鳄鱼，我来帮你刷刷牙。”

4. 邀请儿童上前来展示自己的作品，并鼓励儿童表达“鳄鱼吃了××”。

家长指导：

水油分离的绘画技巧融入绘本操作中，引起了儿童的好奇心，大家都想自己尝试。儿童在刷颜料的过程中，家长要辅助儿童把颜料刷成薄薄一层，这样才能出现水油分离的效果，并及时鼓励儿童表达刷出的食物的名称。

活动九　我爸爸

适用月龄：

25~30个月。

活动领域：

情感与社会性。

活动目标：

1. 理解故事内容，尝试表达自己理解的爸爸。

2. 通过贴胡子游戏促进手眼协调能力。

活动准备：

绘本《我爸爸》的课件、儿童和爸爸照片制成的课件、绘本《我爸爸》、手工纸、胶棒、爸爸头像图片。

活动过程：

一、示范互动，引起注意和兴趣

1. 教师播放《我爸爸》课件，介绍绘本封面，请儿童看一看“爸爸”在做什么。

2. 逐一播放课件，教师有感情地讲述绘本。

3. 每组家庭分发一本绘本。教师指导家长和儿童一起再读一遍绘本。

二、亲子互动：找一找我爸爸

1. 教师播放儿童和爸爸照片制成的课件，请他们认一认自己的爸爸。

2. 鼓励儿童大胆地走到大家面前找到并指认出自己的爸爸，并抱抱或亲亲爸爸。

3. 教师示范并引导儿童表达“××和爸爸”。

三、亲子游戏：爸爸的胡子

1. 教师出示爸爸头像图片引导儿童观察爸爸的胡子。

2. 教师示范把手工纸撕成长条，当作胡子贴在“爸爸”的嘴边。

3. 每组家庭分发一份材料，家长辅助儿童给“爸爸”粘贴胡子，教师个别指导。

4. 邀请儿童拿着作品上前展示。

家长指导：

听绘本故事对于提高儿童的言语听觉能力、倾听习惯及语言符号识别能力都有非常重要的作用。翻书和撕纸条能刺激儿童手指精细动作的发展。儿童撕纸条时，家长要引导他们尽量撕成小块，这样更能促进儿童精细动作的发展。

活动十 红绿苹果

适用月龄：

25~30个月。

活动领域：

认知与语言。

活动目标：

1. 通过“摘苹果”和“贴苹果”的游戏，初步认识苹果。
2. 尝试用双手搓、揉皱纸，锻炼手部的精细动作和手眼协调能力。

活动准备：

红和绿两种颜色的苹果玩具、教具苹果树、红绿两色皱纸、神秘袋。

活动过程：

一、示范互动，引起注意和兴趣

1. 教师出示神秘袋，请儿童摸一摸、猜一猜里面有什么。
2. 教师描述后请儿童猜测是什么。（描述：它是一种水果，圆圆的、大大的、有红色的也有绿色的，吃起来酸酸甜甜的。）
3. 教师从神秘袋中拿出两个苹果玩具（一个红苹果，一个绿苹果）请儿童认识。

二、亲子互动：摘苹果

1. 播放音乐，教师示范摘苹果的动作。
2. 教师指导家长和儿童跟随自己在原地模仿摘苹果的动作。
3. 每组家庭发两个系着绳子的苹果玩具（红苹果和绿苹果各一个）。家长拿着绳子的一头装作大树，儿童踮起脚尖去够苹果玩具。
4. 家长根据儿童的身高调整苹果玩具的高度，让儿童能踮脚摘到。

三、亲子游戏：贴苹果

1. 教师出示两棵教具苹果树，请儿童看一看、说一说树上有没有苹果。
2. 教师示范搓、揉皱纸当作苹果，把苹果贴在对应颜色的教具苹果树上。
3. 每组家庭分发一份材料，家长辅助儿童操作，教师个别指导。

家长指导：

部分家长在律动过程中喜欢作为旁观者看着儿童，教师要及时提醒家长做个支持者，陪儿童一起律动。当儿童没有兴趣时，家长可以用夸张的动作引导儿童模仿。摘苹果时，苹果的高度要根据儿童的能力及时调整，先让儿童抓到苹果引起兴趣，再逐步提升高度锻炼儿童手臂向上伸展和踮脚的动作，能力强的儿童还可以尝试跳跃摘苹果。

活动十一　小鸭子洗澡

适用月龄：

25~30个月。

活动领域：

认知与语言。

活动目标：

1. 认识小鸭子，愿意模仿小鸭子游泳。
2. 能用工具在纸上刮画，锻炼握笔的能力。

活动准备：

剪好的刮画纸小鸭子、蓝色颜料、刮笔、画刷、小鸭子模型、《小鸭游》课件。

活动过程：

一、示范互动，引起注意和兴趣

1. 教师把小鸭子模型用布遮起来，只露出一张嘴巴，请儿童猜一猜这是什么动物。
2. 教师出示小鸭子，引导儿童和小鸭子打招呼。
3. 教师介绍小鸭子的身体部位（嘴巴和脚），并鼓励儿童指认。

二、亲子互动：小鸭子游游游

1. 播放音频，教师示范模仿小鸭子游泳。
2. 家长引导儿童共同模仿小鸭子游泳。
3. 教师播放哭声音频，引起儿童注意。
4. 教师引导儿童猜测小鸭子为什么哭，过渡到下一环节帮助“小鸭子洗澡”。

三、亲子游戏：小鸭子洗澡

1. 教师出示黑黑的小鸭子，示范用刮笔在上面刮画。
2. 教师给每组家庭分发一份材料，家长辅助儿童一起给“小鸭子洗澡”。

家长指导：

在亲子律动中，家长也要跟随音乐内容输入与动作匹配的语言，帮助儿童把语言和动作联系起来，加强理解。刮画时由于每个儿童手部精细动作发展不一致，握笔的姿势也各不相同，家长不需要过度纠正，只要适当辅助儿童即可，以免他们失去探索的兴趣。

活动十二　下雨啦

适用月龄：

25~30个月。

活动领域：

认知与语言。

活动目标：

1. 感知不同频率的乐器声音。

2. 初步了解下雨天，尝试模仿故事中的雨声。

活动准备：

下雨声的音频、水粉颜料、雨天图片、《雨天的声音》课件、乐器（小鼓、三角铁、沙蛋）。

活动过程：

一、示范互动，引起注意和兴趣

1. 教师播放下雨声的音频，请儿童猜一猜是什么声音。

2. 教师出示雨天图片，引导儿童认识下雨天。

二、亲子互动：故事《雨天的声音》

1. 教师讲述故事，家长引导儿童听故事。

2. 教师出示不同乐器，演示乐器的玩法。

3. 每组家庭分发一份乐器材料，家长辅助儿童一起跟随故事内容演奏乐器。

4. 沙蛋代表“沙沙沙”，三角铁代表“叮叮叮”，小鼓代表“咚咚咚”。

三、亲子游戏：下雨啦

1. 教师出示故事情节图片，请儿童听下雨声。

2. 教师示范用手指点画小雨滴。边点边说“沙沙沙，小雨落在小草上”等。

3. 家长辅助儿童一同跟随故事内容点画小雨。

家长指导：

佩戴人工耳蜗的儿童对高频声音的感知较好，有些佩戴助听器的儿童对高频声音的感知不灵敏，家长可以模仿乐器中高频的声音帮助儿童聆听辨识。点画的过程中要积极引导儿童模仿表达拟声词，如“沙沙沙”“叮叮叮”“咚咚咚”。

活动十三 一步一步走啊走

适用月龄：

25~30个月。

活动领域：

认知与语言。

活动目标：

1. 喜爱小动物，愿意模仿不同小动物的走路姿势。

2. 体验音乐中的节奏快慢、停顿。

活动准备：

小动物玩具、绘本《一步一步走啊走》、手鼓、手摇铃、响板、鼓、音乐。

活动过程：

一、示范互动，引起注意和兴趣

1. 学乌龟走路。

（1）教师用简单句描述乌龟的特点，然后出示乌龟玩具。

（2）家长引导儿童和乌龟打招呼。

（3）教师播放慢节奏的音乐，示范模仿乌龟走路。

（4）家长引导儿童跟随音乐节奏模仿乌龟走路。

2. 学鸭子走路。

（1）教师用简单句描述鸭子的特点，然后出示鸭子玩具。

（2）家长引导儿童和鸭子打招呼。

（3）教师播放小鸭子的音乐，示范模仿鸭子走路。

（4）家长引导儿童跟随音乐节奏模仿鸭子走路。

3. 学兔子走路。

（1）教师用简单句描述兔子的特点，然后出示兔子玩具。

（2）家长引导儿童和兔子打招呼。

（3）教师播放小兔跳的音乐，示范模仿兔子走路。

（4）家长引导儿童跟随音乐节奏模仿兔子走路。

二、亲子游戏：小动物走路

1. 教师示范，敲打不同的乐器代表不同的动物。其中，手鼓代表乌龟，响板代表鸭子，手摇铃代表兔子。

2. 教师随机挑选乐器表演出快节奏和慢节奏。家长引导儿童根据对应的乐器和节奏模仿动物走路。

三、亲子互动：一起读绘本

1. 教师出示绘本，完整讲述故事。

2. 教师给每组家庭分发一本绘本，家长与儿童再次共读绘本。

家长指导：

活动中儿童模仿动物走路时会比较兴奋，过渡到安静的读绘本环节时，有些儿童还会沉浸在上一环节中，这时家长可以先把儿童抱在怀中休息一下，边休息边引导儿童观看同伴与教师讲述绘本，待儿童情绪稳定下来后再继续共读绘本。

活动十四　插鱼鳞

适用月龄：

25~30个月。

活动领域：

认知与语言。

活动目标：

1. 认识鱼，并能用肢体动作模仿小鱼游泳。

2. 能把相同颜色的鱼鳞插在同色的鱼肚上。

活动准备：

小鱼和鱼鳞玩具、小盆子（当作池塘）、《小鱼游》音乐。

活动过程：

一、示范互动，引起注意和兴趣

1. 教师描述小鱼特征，请儿童猜一猜是什么动物。（描述：这种动物没有腿，有尾巴，生活在水里，喜欢游来游去。）

2. 教师出示小鱼玩具。

3. 家长引导儿童和小鱼打招呼。

二、亲子游戏

1. 教师出示装有各种颜色小鱼玩具的小盆子，引导儿童说一说、指一指看到了哪些颜色的小鱼。

2. 教师引导儿童和家长跟随《小鱼游》的音乐一起学小鱼游泳。

3. 教师示范当音乐中出现“快快抓住”的时候，去抓“池塘”（小盆子）里的小鱼。

4. 家长辅助儿童跟随音乐抓小鱼。

三、亲子互动：给小鱼插鱼鳞

1. 教师出示没有鱼鳞的小鱼玩具，引导儿童观察小鱼身上少了鱼鳞。

2. 教师示范将鱼鳞与相应颜色的小鱼进行配对。

4. 教师分发材料，儿童和家长分散操作，教师巡回指导。

家长指导：

0~3岁是儿童手眼协调能力发展的关键阶段。25~30月龄段的儿童手眼协调趋于精细化，能完成较复杂的任务（如涂鸦、串珠、插入物品等），让儿童去充分地感知、体验至关重要。在活动中，家长可以观察儿童是否可以迅速地找到相同颜色的鱼鳞，并把它插在鱼肚上。

活动十五　汉堡包

适用月龄：

25~30个月。

活动领域：

认知与语言。

活动目标：

1. 初步认识汉堡包，引导儿童喜欢不同种类的食物。

2. 尝试用双手撕纸装饰汉堡包。

活动准备：

仿真汉堡包模型、无纺布汉堡包玩具、汉堡包背景图、彩纸、胶棒。

活动过程：

一、示范互动，引起注意和兴趣

1. 教师出示装有汉堡包模型的神秘袋，请儿童伸手触摸神秘袋里的汉堡包，教师输入描述汉堡包特征的语言。

2. 教师从神秘袋中拿出汉堡包模型，引导儿童初步认识汉堡包。

二、亲子互动：汉堡包里有什么

1. 教师出示无纺布汉堡包玩具，示范制作汉堡包：在两片面包之间放进不同的食材，如番茄、蔬菜、奶酪、肉等。

2. 教师给每组家庭分发一份材料，指导家长和儿童制作汉堡包。

三、亲子游戏：好吃的汉堡包

1. 教师示范把不同颜色的纸撕成小块状，代表不同的食材，如红色的小纸块代表番茄，之后将撕好的不同颜色的小纸块贴在汉堡包背景图中，制作汉堡包贴画。

2. 教师给每组家庭分发一份材料，家长辅助儿童粘贴，教师巡回指导。

家长指导：

在这个月龄段，儿童手部动作渐趋精细，手眼协调能力也得到快速发展，当他们发现通过自己的小手动作可以改变纸的形状和发出撕纸声响时，会感到欢乐和惊喜。汉堡包是平时经常接触到的食物，在撕纸过程中，儿童对食物也会感兴趣，同时也锻炼了他们的手指精细动作。儿童撕什么颜色的纸，家长要做好语言输入，如“把××放在汉堡包中”。

活动十六　一颗纽扣

适用月龄：

25～30个月。

活动领域：

认知与语言。

活动目标：

1. 通过比一比，尝试将相同形状、颜色的纽扣配对。

2. 初步理解故事内容，喜欢绘本故事。

活动准备：

圆形、三角形的纽扣，绘本《一颗纽扣》，小动物教具，衣服图案背景图，课件。

活动过程：

一、示范互动，引起注意和兴趣

1. 教师出示纽扣，请儿童认一认、说一说是什么形状、什么颜色的纽扣。

2. 教师出示绘本，有感情地讲述故事，家长引导儿童听故事。

二、亲子互动：纽扣配对

1. 教师出示绘本中的小动物教具，请儿童认一认小动物身上相应的纽扣。

2. 教师出示衣服图片，引导儿童观察衣服上只有一半的纽扣。

3. 教师示范根据纽扣的形状，找一模一样的纽扣进行配对。

4. 教师给每组家庭分发一份材料，家长引导儿童先观察、比较，再配对。

三、亲子游戏：纽扣连连看

1. 教师示范将相同颜色的纽扣贴在一起。

2. 教师分发材料，家长和儿童一起操作，教师进行个别指导。

家长指导：

25～30个月的儿童会指认圆形、方形和三角形，可以区分大小差异明显的物体。在纽扣配对的环节，家长可以引导儿童观察纽扣的形状、颜色，给儿童观察和思考的时间，让他们学会通过比一比、看一看、找一找的方式解决问题。配对成功时，家长要及时给予鼓励和肯定。

活动十七 弹珠画

适用月龄：

31~36个月。

活动领域：

感知与运动。

活动目标：

1. 尝试边走边控制盘中的弹珠，保持身体平衡。

2. 在活动中观察弹珠的运动轨迹，激发探索兴趣。

活动准备：

大弹珠，盘子，红、黄、蓝颜料，起点图示，终点图示，操作盒，和操作盒底部尺寸一致的白纸。

活动过程：

一、示范互动，引起注意和兴趣

1. 教师出示弹珠，激发儿童的兴趣。

2. 教师引导儿童和弹珠打招呼。

3. 教师将弹珠放置在盘子中，并在儿童面前晃动盘子，使弹珠滚动起来。同时进行语言输入："弹珠弹珠圆圆的，弹珠弹珠滚起来。圆圆的弹珠，滚来滚去，真有趣。"

二、亲子互动：运弹珠

1. 教师给儿童分弹珠和盘子。将儿童分成人数相等的两队，引导儿童听到"1、2、3，开始"的指令时，就快速用盘子将弹珠从起点运到终点。

2. 让儿童感知弹珠是会滚动的，家长引导儿童尝试着对滚动着的弹珠进行控制。

三、亲子游戏

1. 自由玩弹珠：家长引导儿童自己拿取弹珠，随意地玩。

2. 弹珠滚滚滚：家长引导儿童在操作盒中平铺一张白纸，再拿取一颗弹珠，并放入自己喜欢的颜料盘中，使弹珠染上颜色。将染好颜色的弹珠放入操作盒中，使弹珠在操作盒中随意地滚动，感受弹珠滚动出来的颜色和滚动的路线。

3. 小小司机来开车：

（1）请儿童扮演小司机，手拿装有彩色弹珠的操作盒做开车状。教师引导儿童当听到"红灯停"时，尽快控制身体停下来；听到"绿灯行"时，尽快起步继续“开车”。教师引导家长协助行走不稳的儿童。

（2）家长和儿童一起游戏，帮助儿童变换弹珠上的颜色，并引导儿童观察操作盒中白纸上弹珠滚动的痕迹。

家长指导：

游戏中，通过控制弹珠的滚动锻炼儿童的平衡能力。这个月龄段的儿童喜欢到处涂鸦，有时候雪白的墙壁、干净的床单都成了他们的画板。我们可以根据儿童对涂鸦的兴趣，在家中墙面上贴上较大面积的纸，创设大面积的涂鸦墙，鼓励他们自由地发挥，尽情地画画，然后和他们一起看看都画了什么。同时，在涂鸦过程中让儿童感知各种颜色。

活动十八　小兔子拔萝卜

适用月龄：

31~36个月。

活动领域：

感知与运动。

活动目标：

1. 认识兔子，愿意模仿小兔子双脚向前跳的动作。

2. 通过不同的游戏，发展儿童的粗大动作能力。

活动准备：

大小不同的胡萝卜、兔子玩偶、仿真草坪、平衡木、垫脚石、课件、竹筐。

活动过程：

一、示范互动，引起注意和兴趣

1. 教师播放课件，引导儿童观察并认识兔子。

2. 教师出示兔子玩偶，与儿童互动打招呼。

二、亲子互动：兔子跳跳

1. 教师示范模仿兔子跳，儿童和家长共同模仿。同时说："小兔子跳跳，一二一二跳跳跳。"

2. 教师播放音乐，引导家长和儿童围成大大的圈圈，共同跟随音乐律动。

三、亲子游戏：小兔子拔萝卜

1. 教师出示仿真草坪，并吸引儿童观察草坪上的物体。同时说："小兔子今天想来拔萝卜，宝宝们也和小兔子一起拔萝卜吧。"

2. 教师放置平衡木、垫脚石增加游戏趣味性和难度，并示范经过垫脚石、平衡木的时候，张开双臂保持身体平衡。

3. 教师引导儿童经过障碍路段后，继续双脚蹦蹦跳，同时说："小兔子跳跳，一二一二跳跳跳。"

4. 家长和儿童跳到萝卜地后一起拔萝卜。对于个别行走不稳的儿童、屈膝蹲下再站起时难以保持平衡的儿童，家长可协助共同完成游戏。

5. 家长和儿童将拔好的萝卜放到竹筐中，家长继续说："抱着萝卜，一二一二跳回家。"也可以引导儿童和同伴比一比谁的萝卜多，谁的萝卜少。

家长指导：

有些儿童还不能屈膝跳跃，家长可以站在他们的正后方，双手握着他们的双手，双腿先做屈膝的动作，然后带动他们一起向上跳。拔萝卜的游戏设置了障碍物路径，儿童在用走、爬、跳跃等方式通过时，腿部的肌肉也得到了锻炼，家长要积极地鼓励儿童完成游戏。

活动十九　愤怒的小鸟

适用月龄：

31~36 个月。

活动领域：

感知与运动。

活动目标：

1. 尝试单手向上投掷的动作，锻炼身体的协调性。

2. 乐于参与集体游戏，体验投掷的乐趣。

活动准备：

《小鸟飞》课件、小鸟玩偶、老鹰图片、海洋球、瓶子。

活动过程：

一、示范互动，引起注意和兴趣

1. 教师播放小鸟叫声的音频，吸引儿童倾听鸟叫声，并尝试辨识。同时说："我们听一听，是谁来了啊？"

2. 教师出示小鸟玩偶。同时说："原来是小鸟来了。小鸟叫起来的声音是叽叽喳喳。小鸟飞起来的时候，翅膀挥得高高的。"

二、亲子互动：小鸟飞

1. 教师示范模仿小鸟飞的动作，强调动作要点：双手举高，在头顶上碰一碰。

2. 教师播放音乐《小鸟飞》，家长和儿童跟随音乐，共同模仿小鸟飞的动作。

三、亲子游戏：赶走老鹰

1. 教师出示老鹰图片，并将老鹰图片放置在离儿童 2 米远的地方。

2. 教师示范投掷动作，强调动作要点：双脚前后分开站立，上身侧转，投掷臂后引，眼看前方，蹬腿、转体，从肩上快速挥臂，在头前上方将海洋球投出。用海洋球击中老鹰。

3. 教师分发材料，儿童尝试做投掷动作，家长也一同参与游戏，和儿童一起用海洋球或者瓶子击向老鹰。

4. 家长及时鼓励儿童。当儿童击中老鹰的时候，及时表扬。

家长指导：

一开始有些儿童不会向上投掷，只能短距离地向下扔，家长要多示范手臂向上抛的动作，或者用手扶着儿童的手臂做出向上抛的动作，再渐渐减少辅助让他们自己向上投掷。

活动二十　小小变色鱼

适用月龄：

31~36个月。

活动领域：

感知与运动。

活动目标：

1. 通过故事内容，感知红、黄、蓝三色的变化。

2. 愿意聆听故事，感受颜色变化的乐趣。

活动准备：

红、黄、蓝三色小鱼教具，颜料，棉签，有小鱼图案的画纸，反穿衣，音乐《小鱼游》。

活动过程：

一、示范互动，引起注意和兴趣

1. 教师出示小鱼教具，引起儿童兴趣。同时说："小鱼游，小鱼游，许多小鱼游来啦。"引导儿童模仿说一说"鱼"。

2. 教师播放音乐《小鱼游》，两位教师（或教师与一位家长）手拉手做出山洞状，儿童做"小鱼"游来游去钻"山洞"。

3. 游戏过程中，教师引导家长一起跟随音乐唱儿歌"许多小鱼游来了，游来了，游来了。许多小鱼游来了，快快捉住"。唱到最后一句的时候，"山洞"变成"渔网"，网住正要钻过去的"小鱼"。游戏可反复进行。

4. 教师调整音乐音量逐渐变小，并引导儿童在音乐结束后慢慢围坐在自己身边，放松身体。

二、亲子互动：小小变色鱼

1. 教师边出示教具边讲述故事《红黄蓝变变变》。

2. 儿童和家长共同聆听故事。

三、亲子游戏：小鱼变变变

1. 教师出示有小鱼图案的画纸，再出示棉签，用棉签蘸取颜料。同时说："棉签棉签，蘸一蘸，棉签棉签，变身啦。"

2. 教师示范在小鱼身上自由涂鸦。

3. 教师分发材料，家长和儿童分散操作，教师巡回指导。

家长指导：

现阶段的儿童能随着音乐节奏做模仿动作，用各种材料涂涂画画，所以家长应多鼓励儿童大胆地尝试用多种材料，如刷子、海绵、棉签等涂鸦。在涂鸦的过程中了解颜色的变化，感受乐趣。

活动二十一　长大长大，越长越大

适用月龄：

31～36个月。

活动领域：

情感与社会性。

活动目标：

1. 愿意倾听故事，感受纸戏剧表演的乐趣。

2. 尝试螺旋画圆，体验新的画圆方法。

活动准备：

纸戏剧表演箱、故事卡片《长大长大，越长越大》、一张画好的可以变大的圆形、棒棒糖卡通图、素描纸、抓握式大蜡笔。

活动过程：

一、示范互动，引起注意和兴趣

1. 教师出示事先画好的会变大的圆形。同时说："今天我是一个魔法师，会把很多东西变得很大。我们一起念咒语，你也可以成为魔法师。"

2. 教师表演魔术，同时说："这是一个圆形，只要我对它施魔法，说咒语，它就会变大，不信你听。长大长大，越长越大。"

3. 教师引导儿童与家长一起说咒语："长大长大，越长越大"。

4. 教师拉开折好的纸，展示圆形变大了。同时说："哇，圆形真的长大了。"

5. 教师引出纸戏剧。同时说："这个宝箱里面也有很多魔法师用来变大的东西，我们来一起认识一下吧。"

二、亲子互动：长大长大，越长越大

1. 教师打开戏剧箱的门，请儿童看一看宝箱里面是谁。同时说："谁在宝箱里面呀？"

2. 家长引导儿童一起回答"小猪"。

3. 教师告知儿童，宝箱里的小猪也想长大："这只小猪很想快快地长大，我们一起来帮助它吧。还记得刚才的咒语吗？"

4. 教师引导儿童一起说出咒语："长大长大，越长越大。"教师边说咒语边出示第一张画面。

5. 教师出示第二张画面（第二张画面是一张长大的小猪）。同时说："哇！好神奇啊，小猪真的长大了。"

6. 以此类推，继续讲述下面的内容。

三、亲子游戏：越长越大的圆

1. 教师出示蜡笔，同时说："小朋友们想学习魔法吗？神奇的画笔也可以变大物品哦。"

2. 教师出示贴有棒棒糖的画纸，并引导儿童画圈圈："这是一个甜甜的棒棒糖，我想分享给每位小朋友，可是它太小了，需要把它变大、变多，这样大家就都可以吃到甜甜的棒棒糖了。"

3. 教师示范在贴好的棒棒糖周围一圈一圈地连续螺旋画圆。教师边画边说："长大长大，越长越大。看，我的棒棒糖真的变大了。"

4. 教师分发材料，儿童操作，教师指导家长关注儿童抓握蜡笔的姿势。

家长指导：

这个月龄段的儿童处于无意识的涂鸦阶段，可以引导他们从左到右地画连续弧形的线条。部分儿童可以连续地画圆，并由大圆过渡到小圆。儿童在操作过程中出现任何一种涂鸦方式，家长都不要急于干涉，做个游戏的陪伴者和观察者，当儿童需要帮助时，再给予适当的辅助。

活动二十二　大海里我最大

适用月龄：

31~36个月。

活动领域：

情感与社会性。

活动目标：

1. 通过观察、对比等方式，初步认知大海里有各种各样的海洋生物。

2. 乐于倾听故事，体验阅读绘本的乐趣。

活动准备：

彩虹伞、毛毛球、海浪音频和视频、绘本《大海里我最大》。

活动过程：

一、示范互动，引起注意和兴趣

1. 教师播放海浪的声音，激发儿童兴趣，同时进行提问："我们来听一听，这是什么声音？"

2. 教师播放海浪的视频，儿童和家长聆听声音，观看浪潮。

二、亲子互动：海浪来了

1. 教师出示彩虹伞，同时说："让我们跟着音乐一起来制造海浪吧。"

2. 儿童和家长共同挥动彩虹伞，跟随音乐的节奏变换快慢频率。

三、亲子阅读：《大海里我最大》

1. 教师出示绘本，讲述故事《大海里我最大》。

2. 教师讲述过程中，引导儿童初步了解大海里有什么生物，同时引导儿童感知大和小。

3. 教师再次讲述故事，帮助儿童巩固理解大和小。

四、亲子游戏：海怪来了

1. 教师出示毛毛球，示范将毛毛球一个接一个连在一起变成海怪。同时说："小小毛球抱一抱，一个一个排排队，变成一条大海怪。"

2. 教师分发材料，家长和儿童分散操作，教师个别指导。

家长指导：

这个月龄段的儿童对周围的事物充满了好奇。大自然的声音、乐器的声音、动物的叫声等都对儿童有着强烈的吸引力，不妨带他们到户外走走、听听、看看，亲近自然，感受自然，满足他们的好奇心。活动中家长可以先抱着儿童，让他们的身体被动地感受节奏的快和慢，再让他们自己控制快慢。

活动二十三　情绪脸谱

适用月龄：

31~36 个月。

活动领域：

情感与社会性。

活动目标：

1. 通过“贴五官”活动，感知五官的位置。

2. 初步感知他人高兴、生气、难过等情绪。

活动准备：

生气、开心的表情图片，空白脸谱，五官贴纸，哭声和笑声音频。

活动过程：

一、示范互动，引起注意和兴趣

1. 教师播放哭声音频，激发儿童兴趣，请他们听听是什么声音。同时提问：“这是什么声音？是谁在哭？他为什么哭？”

2. 教师出示空白脸谱，请儿童观察缺少了什么。同时说：“我的五官不见了，请小朋友们帮我找到五官，好吗？”

3. 请儿童每人拿一个五官贴在空白脸谱上，并引导儿童尝试说一说这是什么器官：“这是娃娃的眼睛，这是娃娃的鼻子……”

4. 以同样的方法出示笑声音频，引导儿童将五官贴在空白脸谱上。

二、亲子互动：开心与生气

1. 教师出示开心、生气两种表情图片，引导儿童仔细观察两者的不同之处。

2. 教师总结儿童对开心、生气图片的观察，加深儿童对两个表情的认识。

3. 家长分别做出开心和生气的表情，让儿童进行模仿，加深儿童对这两种情绪的理解。

4. 教师播放哭声和笑声两种声音，家长和儿童一起做出相应的表情，让儿童再次把声音和情绪联系在一起。

三、亲子游戏：有趣的脸谱

1. 教师出示各种脸谱，让儿童观察。

2. 请儿童在空白脸谱上按照自己喜欢的颜色进行涂鸦，表现不同的情绪。

家长指导：

在日常生活中，家长可以让儿童看看爸爸、妈妈的五官，指一指、说一说，再让儿童照照镜子，看看自己的五官。爸爸、妈妈做出表情（哭、笑），让儿童说说这是什么表情；也可以家长说，让儿童做出表情。

活动二十四　动物的尾巴

适用月龄：

31~36个月。

活动领域：

情感与社会性。

活动目标：

1. 尝试用多种方式感知常见动物的尾巴特征。
2. 体验与同伴一起游戏的快乐。

活动准备：

小动物图片、尾巴操作材料、课件、纱巾。

活动过程：

一、示范互动，引起注意和兴趣

1. 教师逐一出示小动物图片，请儿童认一认。
2. 请儿童学一学小动物的叫声或动作。
3. 教师引导儿童观察这些小动物的尾巴，说说它们尾巴的特点，比如可以说："兔子的尾巴短短的，松鼠的尾巴大大的……"

二、亲子互动：小动物找尾巴

1. 教师出示材料，告知儿童小动物的尾巴不见了，请他们帮忙找一找。
2. 教师分发找尾巴的操作材料，家长和儿童操作，教师巡回指导。

三、亲子游戏：抢尾巴

1. 教师出示纱巾，并将纱巾夹在身后当作尾巴，请儿童来抓"尾巴"，并告知游戏规则：教师蹲下，则儿童都要蹲下并停止抓"尾巴"。
2. 游戏过程中，教师随机蹲下，并提醒儿童一起蹲下，停止抓"尾巴"。

家长指导：

这个月龄段的儿童有很强的求知欲，对新鲜事物感兴趣。在找尾巴的环节中，如果儿童碰到一些困难，家长可以引导儿童从多个角度观察，如通过颜色、形状、大小等来匹配，最后再总结："这就是××的尾巴，它的尾巴大大的/短短的。"在抢尾巴环节要提醒儿童不要撞到别人，也不要被别人撞到，注意安全，保护自己。

活动二十五 小猫找尾巴

适用月龄：

31～36个月。

活动领域：

情感与社会性。

活动目标：

1. 认识小猫的外形特征，尝试分辨声音的大和小。

2. 用扣环为小猫做尾巴，激发对小动物的喜爱之情。

活动准备：

小猫手偶、扣环、课件、音乐《大猫和小猫》、大猫和小猫的图片。

活动过程：

一、示范互动，引起注意和兴趣

1. 教师播放小猫叫的音频，引起儿童注意，请他们猜猜看是什么动物在叫。

2. 教师出示小猫手偶，以小猫的口吻问好："大家好，我是小猫。"随后一一与每位儿童握手问好，并引导儿童和小猫打招呼、握手。

3. 教师播放小猫图片和视频，指导家长引导儿童观察小猫，模仿小猫"喵喵喵"地叫。

二、亲子互动：大猫和小猫

1. 教师出示大猫和小猫的图片，引导儿童观察大猫和小猫的区别，通过音乐《大猫和小猫》来体验声音的大和小。

2. 在感知声音大和小的初期，指导家长借助一些夸张的动作帮助儿童理解什么是大声，什么是小声。

3. 教师指导家长观察儿童能否感知声音的大和小，并用肢体动作或声音表现出来。

三、亲子游戏：小猫找尾巴

1. 教师讲述故事《小猫的尾巴》，通过故事引出小猫的尾巴掉了的情节："有一只小猫，出去捉老鼠，一不小心，小尾巴被门夹断了。尾巴不见了，小猫多伤心呀，我们一起来帮助它。"

2. 教师示范用扣环给小猫做一条尾巴。

3. 教师分发材料，儿童用扣环给小猫做尾巴，家长进行指导。

4. 教师提示家长观察儿童能否专注地从两个环的缺口处进行连接。

家长指导：

请家长根据儿童的能力进行引导。从两个环的缺口处进行连接这一操作对多数儿童来说是有难度的，家长可以先示范，让儿童观察到环的缺口。如果儿童仍不能完成连接，家长可以拿一个环，儿童拿一个环，家长主动将手中的环连接到儿童的环上。家长引导儿童模仿小猫的叫声，并用肢体动作表现声音的大和小。

活动二十六　谁藏起来了

适用月龄：

31~36个月。

活动领域：

认知与语言。

活动目标：

1. 尝试通过观察动物的不同特征，找出哪种动物不见了。

2. 乐于倾听故事，体验和同伴一起游戏的快乐。

活动准备：

绘本《谁藏起来了》、课件、动物玩具、身体部位缺少的小动物操作材料。

活动过程：

一、示范互动，引起注意和兴趣

1. 教师讲述绘本《谁藏起来了》，带领儿童认识绘本里的小动物。

2. 教师引导儿童通过观察动物的特征，找出绘本里哪种动物不见了。

二、亲子互动：谁不见了

1. 教师出示动物玩具，然后用挡板把动物玩具遮起来，快速拿走其中一个，再拿掉遮盖物。随后提问："谁不见了？"

2. 教师分发材料，儿童和家长一起玩藏动物的游戏。

三、亲子游戏：少了什么

1. 教师出示课件，引导儿童观察图片里的事物少了什么部位，请他们帮忙补全。

2. 教师分发操作材料，家长和儿童共同操作，教师个别指导。

家长指导：

分辨物品的特征，找出不见的物品，是这个月龄段的儿童最有兴趣的游戏之一。家长可以多次重复这样的游戏，也可以在这个游戏的基础上增加难度，提升儿童的观察力。

活动二十七　方位游戏

适用月龄：

31~36个月。

活动领域：

认知与语言。

活动目标：

1. 初步感知前后方位和“1、2、3”的顺序。

2. 体验帮助小动物的快乐。

活动准备：

小动物玩偶、标有数字“1”“2”“3”的玩具火车车厢。

活动过程：

一、示范互动，引起注意和兴趣

1. 教师出示小动物玩偶，让儿童说出小动物的名字，并引导儿童和小动物打招呼。

2. 教师请儿童说说喜欢哪个小动物，并将小动物找出来。

3. 教师引导儿童和自己喜欢的小动物互动，如抱一抱、握握手、亲一亲等。同时唱儿歌：“小猫小猫，我爱你，我要和你握握手，我要和你抱一抱。”

二、亲子互动：小动物坐火车

1. 教师示范把小动物放入相应的玩具火车车厢内，同时说：“小猫坐在1号车厢，小狗坐在2号车厢，小兔子坐在3号车厢。”

2. 家长说指令，儿童将小动物放在相应的车厢内。

三、亲子游戏：方位游戏

1. 教师将一个小动物放在中间车厢，示范根据语言提示将剩下的两个小动物放入相应的车厢内。同时说：“××在××的前面/后面。”

2. 教师分发材料，家长和儿童操作，教师个别指导。

家长指导：

活动中家长要引导儿童先仔细听，再去拿小动物玩偶，培养良好的聆听习惯。这个月龄段的儿童能唱数“1”到“5”，还能记住生活中熟悉的物品放置的位置。家长可以用孩子喜欢的玩具进行游戏，在孩子熟悉的生活场景中引导儿童说出方位词。

活动二十八　神奇的水

适用月龄：

31～36个月。

活动领域：

认知与语言。

活动目标：

1. 尝试将事物与数量匹配，感知3以内的数量。

2. 体验和同伴一起游戏的快乐。

活动准备：

瓶装水（在瓶盖内测分别涂上红、黄、蓝、绿色可溶性颜料）、皮球、地上贴好数字“1”“2”“3”。

活动过程：

一、示范互动，引起注意和兴趣

1. 教师出示瓶装水，激发儿童兴趣，让他们说一说这是什么。随后说：“这瓶水和平时见到的水不一样，它是一瓶神奇的水。”

2. 教师示范变出神奇的水宝宝，同时说：“摇摇摇，变变变，变成××颜色的水宝宝。”

二、亲子互动：神奇的颜色水

1. 教师给每位儿童发放一瓶水，鼓励他们摇一摇。同时引导家长说：“摇摇摇，变变变，变成××颜色的水宝宝。”

2. 请儿童说一说自己的水变成了什么颜色。

3. 请儿童把相同颜色的水放在一起，看看每种颜色的水有几瓶。

三、亲子游戏：打保龄球

1. 引导儿童将不同颜色的瓶子按数量放到地上贴的“1”“2”“3”数字上。同时说：“这里有1个××颜色的水宝宝，2个××颜色的水宝宝，3个××颜色的水宝宝，你能帮助水宝宝找到自己的家吗？”

2. 教师投掷皮球，击倒距离2米处的水宝宝。皮球击倒瓶子时，引导家长和儿童一起说出数量和颜色的短语，如“2个红红的瓶子倒了”或“2个红色水宝宝倒了”。

家长指导：

这个月龄段的儿童已经有了大小、形状、颜色的概念。家长可以选择生活中常见的物品，在游戏中有技巧地输入语言，如“一个足球”“大大的杯子”“红红的苹果”等，让儿童在生活场景中感知红、黄、蓝、绿等颜色和物品的大小、数量等。

活动二十九　小蜗牛

适用月龄：

31~36个月。

活动领域：

认知与语言。

活动目标：

1. 认识大拇指和小手指，能跟随儿歌模仿蜗牛。

2. 尝试画螺旋形曲线，锻炼手部精细动作。

活动准备：

画笔、剪刀、课件、胶棒。

活动过程：

一、示范活动，引起注意和兴趣

1. 教师播放课件，展示蜗牛的局部，让儿童猜猜看这是什么。

2. 教师继续出示完整的蜗牛图片，引导儿童认识蜗牛。

二、亲子游戏：小蜗牛

1. 教师伸出右手，手背朝外，慢慢伸出大拇指和小手指，假装是一只小蜗牛。

2. 家长和儿童一起做类似的动作，用手模仿一只小蜗牛。

三、互动游戏：小蜗牛的房子

1. 教师出示蜗牛的图片，引导儿童观察蜗牛背上的壳。同时说："小蜗牛的背上有一个大大的房子，我们看看大房子是什么样子的呢?"

2. 教师示范画螺旋形曲线，边画边说："转呀转呀转，转出一个大房子。"

3. 教师剪下画好的"房子"，贴在手背上，伸出大拇指和小手指，变成小蜗牛。

4. 教师将儿歌内容和小蜗牛的形象贴切地表演出来，激发儿童对儿歌表演的兴趣。同时唱儿歌："小蜗牛，爬呀爬，爬过小山丘，钻过小山洞。爬呀爬，爬到头顶上，这是眼睛，这是鼻子，这是小嘴巴，叽里咕噜滚下来。"

5. 教师分发材料，家长和儿童一起做"蜗牛房子"，教师个别指导。

家长指导：

31~36个月的儿童喜欢通过操作来提高手指的灵活性和手眼协调性，也愿意跟着大人唱唱跳跳做一些律动。有些儿童可能手指还不是很灵活，不能精准伸出某根手指，家长可以协助他们伸出大拇指或小手指。对于语言发展优于精细动作发展的儿童，要多关注手部小肌肉动作的练习。多鼓励儿童："你模仿的蜗牛真可爱，慢一点不要紧，蜗牛喜欢你。"

活动三十　滴答滴答，下雨了

适用月龄：

31~36个月。

活动领域：

认知与语言。

活动目标：

1. 尝试用滴管画雨滴，学说“雨”及“滴答滴答”。

2. 愿意尝试用不同的工具进行涂鸦，体验游戏的快乐。

活动准备：

《下雨了》课件、蓝色颜料、滴管、云朵、大的范画一张、胶棒、响板和沙蛋。

活动过程：

一、示范互动，引起注意和兴趣

1. 教师播放雨声的音频，让儿童猜测是什么声音，再播放视频让儿童观察下雨情境。

2. 教师出示响板和沙蛋，让儿童辨听一下哪个像下大雨的声音，哪个像下小雨的声音。

3. 教师播放音乐，引导儿童跟着音乐律动感受高频与低频的声音。

二、互动游戏：下雨了

1. 教师边讲述故事边在范画上粘贴云朵。同时说：“轰隆隆，轰隆隆，要下雨了，天上的乌云也越来越厚。”

2. 教师示范用手指点画，同时说：“嘀嗒嘀嗒，下起了小雨。”

3. 教师邀请儿童一起上前点画，表示雨越下越大。同时说：“哗啦哗啦，下起了大雨。”

三、亲子游戏：滴答滴答，下雨了

1. 教师出示滴管，让儿童了解滴管的用法。

2. 教师分发材料，鼓励儿童和家长一起利用滴管来画雨滴。

3. 家长和儿童一起操作，教师个别指导。

家长指导：

这个月龄段的儿童对周围事物有了更多的观察，对雨的声音和雨滴都有直观概念。在儿童操作时，家长可以引导他们模仿说“雨”“大大的雨”“小小的雨”

“滴答滴答”等。使用滴管时，引导儿童自主通过捏、放滴管来控制颜料多少，如果操作初期控制得不太好，家长可以语言提示，如“轻轻捏一下滴管，颜料就出来了”，尽量少代替儿童完成动作，给儿童试错、练习的机会，让其在操作中感受控制要领，积累手部精细动作经验。

活动三十一　颜色变变变

适用月龄：

31~36个月。

活动领域：

认知与语言。

活动目标：

1. 愿意倾听故事，初步理解故事内容。

2. 体验探索混合颜色的乐趣。

活动准备：

绘本《小蓝和小黄》，课件，红、黄、蓝三种颜料，吸管，大试管。

活动过程：

一、示范互动，引起注意和兴趣

1. 教师播放课件，介绍绘本名称，请儿童指一指、认一认小蓝和小黄，并提问："谁是小蓝，谁是小黄？"

2. 教师讲述绘本前半段，介绍小蓝一家。随后进行提问："猜猜看哪个是爸爸？哪个是妈妈？"

3. 教师介绍小蓝的好朋友——小黄，激发儿童继续听故事的兴趣。同时说："小蓝有一个好朋友，叫小黄。"

4. 教师讲述绘本后半段。

5. 家长与儿童共读绘本。

二、亲子互动：小黄和小蓝

1. 教师出示黄色和蓝色两种颜料，请儿童认一认、说一说。

2. 教师继续出示材料，并介绍吸管和大试管的用法。

3. 教师示范将蓝色和黄色两种颜料滴入大试管中混合在一起。同时说："小蓝和小黄抱一抱，变成小绿啦。"

4. 教师分发材料，儿童操作，家长辅助。

三、亲子游戏：颜色变变变

1. 教师出示红色颜料，请儿童认一认、说一说。同时说："小红也是小蓝和小黄的好朋友，他们拥抱在一起会怎么样呢？请宝宝们试一试吧。"

2. 教师分发材料，儿童操作，观察颜色混合后的现象，教师逐一指导。

家长指导：

颜色混合会产生有趣的现象，易激起儿童的探索欲。对于这个月龄段的儿童，我们并不要求他们能够知道两种颜色混合之后变出的新颜色，家长只需要引导他们在这个过程中积极探索，认真观察颜色的变化，感受其带来的乐趣。当儿童需要帮助时家长再给予相应的支持。

活动三十二　神奇的刷子

适用月龄：

31～36个月。

活动领域：

认知与语言。

活动目标：

1. 认识刷子，尝试使用刷子涂鸦，锻炼手眼协调能力。

2. 体验使用工具涂鸦的快乐。

活动准备：

巧虎水画图片、画刷、《粉刷匠》儿歌音频、颜料、画有房子的素描纸。

活动过程：

一、示范互动，引起注意和兴趣

1. 教师播放儿歌《粉刷匠》，激发儿童兴趣，引导他们一同欣赏音乐。

2. 教师示范根据儿歌做相应动作。

3. 教师出示刷子，让儿童认识刷子，并介绍其特点和使用方法。同时说："小小刷子手中拿，小小刷子刷刷刷。刷刷我的小脸，刷刷我的手。"

4. 教师给每人分发一把小刷子，引导家长和儿童在身体各部位刷一刷。

二、亲子互动：刷子水画

1. 教师出示巧虎教具，引起儿童兴趣。

2. 教师出示刷子，示范用神奇的刷子蘸点水，刷一刷图片，图片就呈现出不同的颜色。同时说："小小刷子喝点水，小小刷子真神奇。"

3. 教师分发材料，儿童和家长操作。

三、亲子游戏：神奇的刷子

1. 教师出示素描纸，引导儿童认识房子，包括房子的屋顶、窗户、门等。同时说："这是房子的屋顶，尖尖的屋顶。这是房子的窗户，方方的窗户。这是房子的门，方方的门。"

2. 教师示范用画刷给房子刷上漂亮的颜色。同时说："小小刷子蘸一蘸，小小刷子真神奇。"

3. 教师分发材料，家长和儿童分散操作，教师个别指导。

家长指导：

31～36 个月的儿童，抓握能力逐步提升，会开始尝试根据工具的特点来使用工具。涂鸦能让儿童锻炼手眼协调能力，学着控制、借助工具满足好奇心，也是他们了解自身能力边界的方式。在家中，家长可以给儿童提供纸团、瓶盖、棉签等不同工具，让他们用多样工具尽情涂鸦，既满足好奇心，又助力能力发展。

第二节　功能性课程教学示范活动

一、亲子听能团体课程教学示范活动

随着科技的发展，听障儿童借助助听器等辅听设备能够听到声音，这为听障儿童通过听觉来发展口语提供了必要的前提条件。听障儿童能够听到声音，意味着其能够发展出与健听儿童相当的听觉能力，良好的听觉能力有助于听障儿童融入社会。

听觉能力是整合了听力和聆听，并能处理听到的声音信息的能力。当人们有意识地专注于声音时，大脑能处理听到的声音信息，对接收到的声音进行综合分析、理解、记忆等。儿童听觉能力的发展是一个复杂的、连续的过程，具有一定的阶段性特点，厄伯（Erber）于 1982 年提出听觉能力发展的四个阶段，包括听觉察觉、听觉分辨、听觉识别、听觉理解。听觉能力发展的四个阶段是连续且螺旋上升的，前一个阶段是后一个阶段的基础，但是四个阶段又不是绝对分离的。

在此理论的基础上，我们设置了亲子听能团体课程，课程均围绕“察觉、分辨、识别、理解”四个阶段进行。教学以亲子团体课程形式进行，教学过程中强调家长指导，为听障儿童听能语言康复提供更专业、更有力的支撑。

亲子听能团体课程的学习主要分为初阶与进阶两个阶段。初阶主要以察觉、分辨及识别阶段能力培养为主；进阶则是由分辨、识别阶段向理解阶段的发展。本节共有 32 篇听觉训练课程示范教案，初阶与进阶各占一半，其具体目标设置及示范活动名称详见表 3-3。课程详细内容见后文。

表 3-3　亲子听能团体课程教学示范活动目录

编号	听觉阶段	目标	难度	活动名称
1	听觉察觉	感知声音的有无	初阶	咚咚咚，声音在哪里
2			初阶	听，沙沙沙
3			初阶	呜呜呜，咔嚓咔嚓
4		声响玩具声音的察觉	初阶	沙包丢丢
5		感知音乐的开始与停止	初阶	喵喵喵，猫来啦
6		感知鼓声的开始与停止	初阶	咚咚咚，开始了

续表

编号	听觉阶段	目标	难度	活动名称
7	听觉分辨与识别	分辨动物叫声的相同和不同	初阶	碰一碰，抱一抱
8			初阶	听声音找朋友
9		分辨长声与短声	初阶	呜呜呜，火车来啦
10		分辨大声与小声	初阶	大大的声音还是小小的声音
11		识别动物的叫声	初阶	听听谁来了
12			初阶	套套套，我套到啦
13		识别单音节、三音节词汇	初阶	咚——咚咚咚
14		识别不同的声响玩具	初阶	咚——锵——哗啦啦
15		识别生活中的声音	初阶	是谁呀
16		识别生活中的自然环境声音	初阶	雨娃娃、风婆婆和雷公公
17		分辨声音节奏的快和慢	进阶	快跑慢爬
18		识别高、中、低频言语声	进阶	拍一拍
19		识别普通话的四声	进阶	一起来骑马
20	听觉理解	听懂短句中的一项名词	进阶	水果切切乐
21			进阶	小动物拔萝卜
22			进阶	娃娃穿衣
23		听懂短句中的一项动词	进阶	听一听，做一做
24		听懂简单儿歌中的动词	进阶	1、2、3，跳
25			进阶	点点画
26		听懂句子中的两项名词	进阶	坐车啦
27			进阶	超市大采购
28		听懂句子中的一项名词和一项动词	进阶	我是小帮手
29			进阶	动物派对
30		在图片或实物的提示下，听懂描述并指出相应的人或物	进阶	小动物买玩具
31			进阶	魔法点一点
32			进阶	一起来套圈

亲子听能活动一　咚咚咚，声音在哪里

活动目标：

感知声音的有无——鼓声的有无。

活动准备：

大鼓一个，小鼓、豆子若干。

活动过程：

一、触觉探索，引起注意和兴趣

1. 请儿童与家长围坐成半圆形，教师取出大鼓，一边用手指指着耳朵引导儿童进行聆听，一边敲击鼓皮，之后进行语言输入："咚咚咚，咚咚咚。"

2. 教师提问："咚咚咚的声音在哪儿呢?"接着请家长带着儿童轮流上前摸着鼓皮，教师敲击鼓皮让儿童感受震动，并进行语言输入："哦，咚咚咚，声音在这儿呢!"之后停止敲击，让儿童感受震动的停止，并进行语言输入："咦，声音没有了。"让儿童通过听觉感知声音有无的同时，通过触觉辅助理解该声音与事物之间的联系。

二、亲子互动：共同探索声音的有无

1. 每组家庭领取一个小鼓，家长引导儿童触摸鼓皮，仿照教师的步骤强调听到的声音，并进行语言输入，与儿童进行游戏。

2. 家长辅助儿童用一只手敲鼓，另一只手触摸鼓皮，感受自己敲击出的声音。

三、亲子游戏：跳跳跳，跳起来

1. 教师拿出少量豆子撒在大鼓的鼓皮上后敲鼓，引导儿童观察豆子的变化，并进行语言输入："咚咚咚，咚咚咚，豆子跳起来了。"停止敲鼓后，继续进行语言输入："声音没有了。"让儿童通过听觉感知声音有无的同时，再通过视觉强化该声音与事物之间的联系。

2. 将少量豆子分给每组家庭，让家长带领儿童探索如何让豆子跳起来，探索声音的有无。

3. 教师请家长牵着儿童的手，聆听鼓声：鼓声响起，家长牵着儿童的手一起跳跳跳；鼓声停止，家长带着儿童一起站立不动。之后每组家庭轮流上前敲鼓，剩余的家庭配合游戏。

家长指导：

1. 虽然该游戏课程为听能目标服务，但是过程中家长亦要根据情境、儿童的

行为动作，以及我们的目标进行语言输入，在感知声音有无的过程中理解语言。

2. 家长回家后可以继续游戏，在生活中寻找素材，比如用脸盆代替鼓，让儿童持续感知声音的有无。

3. 该游戏借助了视觉与触觉强化儿童听到的声音与发声事物的联系。当儿童对声音建立了一定的联系后，还是要尽量避开视觉和触觉线索去进行更多的游戏，从而培养儿童良好的聆听习惯。

亲子听能活动二　听，沙沙沙

活动目标：

感知声音的有无——响瓶声音的有无。

活动准备：

空瓶若干、一小盆豆子、两个空篮筐。

活动过程：

一、示范探索，引起注意和兴趣

1. 教师出示空瓶若干，并拿出一个空瓶，用期待的眼神注视空瓶，摇一摇、听一听，之后露出失望的表情，一边摇着头一边说："没有声音。"

2. 教师拿出豆子，打开空瓶，装入少量的豆子后，再次摇一摇、听一听，并做出对应的察觉反应，如将眼神注视到响瓶；配合发现与惊喜的表情继续摇一摇响瓶，过程中可以一边用手指着自己的耳朵并点点头，一边进行语言输入："听，有声音！沙沙沙，沙沙沙，有好听的声音！"

二、亲子互动：共同探索声音的有无

1. 家长模仿老师的步骤拿出一个空瓶，引导儿童晃动瓶子，并通过表情、动作、语言辅助儿童理解没有声音。

2. 家长带着儿童在空瓶中装入少量豆子，引导儿童晃动瓶子，一边指着自己的耳朵，一边用惊喜的表情和语气告诉儿童："我听到声音了，沙沙沙，有声音。"

3. 教师指导家长提供空瓶和响瓶给儿童选择，让他们任意选择其一进行声音探索游戏，在儿童探索的过程中跟随其动作继续演示听到或者没有听到声音的表情，并用语言描述给儿童听。

三、亲子游戏：沙沙沙，向前爬

1. 教师指导家长带领儿童一起玩"听到声音向前爬"的游戏：教师在身后摇动响瓶时儿童往前爬，响瓶声音停止时，爬的动作也停止，同时教师对着儿童摊开双手做摇头的动作，示意他们声音没有了。

2. 让家长和儿童玩"听到声音向前爬"的游戏。

3. 在儿童对游戏建立一定的理解基础后与儿童交换角色，由儿童掌控响瓶，家长做出相应动作，帮助儿童更进一步感知声音的有无变化。

家长指导：

1. 游戏过程中家长需要时刻观察儿童的表情、动作或行为，确保捕捉到他们对于声音的反应状况，辅助他们建立聆听意识。

2. 若儿童对声音暂无反应，家长可以用稍微夸张一些的表情或动作示范给儿童看，引起他们对声音的关注。

3. 当家长示范无声反应给儿童看时可以保持无声的状态，尽量不选择用语言的方式告诉儿童“没有声音”，因为家长的言语声也是一种声音，会干扰到儿童的理解。

4. 可以将活动延伸至儿童的其他生活游戏中，当儿童在摆弄其他玩具时，家长将响瓶摇动起来，并引导儿童做出相应反应，进一步输入语言告诉他们“有声音”。

亲子听能活动三 呜呜呜，咔嚓咔嚓

活动目标：

感知声音的有无——火车声音的有无。

活动准备：

火车玩具，小动物模型、小礼物盒子、火车贴纸若干。

活动过程：

一、示范游戏，引起注意和兴趣

1. 教师将一小筐动物模型放在自己面前，并告知儿童和家长："小动物要坐小火车去和大家一起玩，可是小火车在哪儿呢?"之后一边说"呜呜呜，咔嚓咔嚓"，一边将火车玩具从自己的背后开出来。开到一组家庭面前时，声音停止，火车也停下来。

2. 教师将小动物一一放上小火车后，继续一边说"呜呜呜，咔嚓咔嚓"，一边开动小火车。火车开到一组家庭面前时，声音停止，火车也随之停止，并请一个小动物下车和儿童一起玩。

二、亲子互动：共同感知声音的有无

1. 教师将火车玩具交给第一组家庭，请家长带领儿童继续开火车送小动物去其他儿童的座位上。在开火车的过程中，家长发出"呜呜呜，咔嚓咔嚓"的声音，到达目的地后停止声音。请一个小动物下车和第二组家庭一起游戏。

2. 之后由第一组家庭将火车转交给第二组家庭，并重复上述游戏过程。

3. 最后小动物到了每个家庭手中后，由最后一组家庭按照上述游戏过程将空的火车开回教师所在位置。

三、亲子游戏：呜——礼物送到哪儿啦

1. 请家长抱着儿童和小动物围坐一圈，且相互间隔开；教师在火车上摆满小小的礼物盒，然后开着火车给儿童送礼物。(礼物盒中是各种各样的火车贴纸。)

2. 请一位家长带着儿童一起发出"呜呜呜，咔嚓咔嚓"的声音，教师听到声音后在所有家长和儿童背后开着火车绕行，声音停止时火车也停止，火车停在谁的背后就给谁送礼物。

3. 接下来由上一组收到礼物的家庭共同发出"呜呜呜，咔嚓咔嚓"的声音，教师听声音开火车，声音停止则火车停止，将礼物送给下一组家庭。

4. 以此类推，直至每个家庭都拿到礼物，游戏停止。过程中需要发声的那组家庭配合留意，不能将礼物重复送给同一组家庭。

家长指导：

1. 家长在引导儿童游戏时需要时刻观察儿童的表情、动作或行为，确保他们有聆听意识后再行驶火车。

2. 游戏过程中要注意动作随声音而动，把握好声音与火车行驶、停止的关系，便于儿童模仿和理解。

3. 准备小动物模型和礼物是为了增强游戏趣味性，家长与儿童在家庭游戏中可寻找其他增强趣味性的物品替代。

亲子听能活动四　沙包丢丢

活动目标：

声响玩具声音的察觉。

活动准备：

小沙包若干、篮筐、声响玩具（鼓、双响筒、三角铁）。

活动过程：

一、声音探索，引起注意和兴趣

1. 教师出示鼓并带领家长和儿童对该玩具进行观察，教师可以输入相应的语言给儿童听。接着敲响它，并指一指自己的耳朵，说："咚咚咚，我听到了！"之后将鼓交给家长和儿童，带领儿童探索鼓声，请家长模仿教师做聆听动作并输入相应的语言。

2. 教师依次出示双响筒和三角铁，按上述过程引起儿童共同关注后进行声音的探索和熟悉。

二、亲子互动：共同感知声音的有无

1. 教师将声响玩具交给家长，请家长带着儿童等待教师准备好后，任选其中一个声响玩具连续敲三下。教师在家长和孩子的侧前方坐下，将篮筐放在自己的前面，手上拿着小沙包置于耳侧，同时说"听听"之后保持动作，安静等待家长和儿童敲响声响玩具。教师听到声音后举起手中沙包，待声音停止后立刻做出反应，将沙包扔进篮筐里，并告知家长和孩子："听到声音了。"

2. 之后再拿一个沙包继续保持聆听动作，等待再一次的声响出现，做出相应的反应示范给家长和儿童看。

3. 交换角色，请家长带领儿童一起聆听，由教师敲出声响，家长和儿童做出反应。该过程可进行两到三次。

三、亲子游戏：沙包丢丢

家长将沙包交给儿童，引导他们做好聆听准备，进行上述游戏。

家长指导：

1. 游戏过程中家长需要时刻观察儿童的表情、动作或行为，确保他们有聆听意识后再敲响玩具。当儿童产生一定的反应如睁大眼睛或看向家长时，家长首先要积极肯定他们听到了声音，并引导他们将手中的沙包放进篮筐中。

2. 家长敲响玩具时要避免给儿童提供视觉线索，不要让儿童看到家长敲击玩具的动作。

3. 家长要把握好敲响玩具的时机，不要让儿童找到声音出现的规律，从而产生假反应，所以可以时而等待时间短一些，时而等待时间稍长一些。

4. 若家长未发出声音，儿童却做出反应，家长可以张开双手并对儿童摇头，以表示自己还没有敲，再指指自己的耳朵并摇头表示并没有声音，让儿童继续拿好手上的沙包再次聆听。

5. 沙包是提供给儿童在听到声音后做出反应用的，因此一定要在儿童准备聆听时就给到他们。在家中可以用其他的玩具进行替代，比如积木，但是游戏步骤不能随意变动。

亲子听能活动五　喵喵喵，猫来啦

活动目标：

感知音乐的开始与停止。

活动准备：

小猫头饰、老鼠头饰、蛋糕模型若干，《猫捉老鼠》音乐，小猫家情景区，老鼠家情景区。

活动过程：

一、示范探索，引起注意和兴趣

1. 教师戴好小猫头饰后开始播放音乐，用手指着耳边开心地告诉儿童："哇，我听到声音了，有好听的音乐声。"然后一边听音乐一边从小猫家中走出来。

2. 教师暂停音乐，同时用手指着耳朵并用失望的眼神告知"音乐没有了"，然后赶紧回到小猫家里，坐下来等待。

二、亲子互动：共同感知音乐的有无

1. 家长戴好老鼠头饰并模仿教师在老鼠家中等待。当教师播放音乐时，家长用手指着耳边开心地告诉儿童"我听到声音了，好听的音乐声"，并带领儿童一起随着音乐声从家里走出来。

2. 当教师暂停音乐时，家长带着儿童，用手指着耳朵并通过表情、动作等告知儿童没有声音，然后赶紧回到家里坐好。

三、亲子游戏：喵喵喵，猫抓老鼠啦

1. 教师指导家长带领儿童一起进行"猫捉老鼠"的游戏：家长和儿童戴好老鼠头饰，教师戴好小猫头饰。教师播放音乐时，家长带着儿童一起去偷小猫家附近的蛋糕，蛋糕被偷到，"小猫"立刻从家里出来抓"老鼠们"，"老鼠们"赶紧四处逃窜；当音乐停止时，"老鼠们"要赶紧跑回家等候并停下来，"小猫"也要回到自己的家里。这时家长摊开双手并摇头，告知儿童"声音没有了"。

2. 将活动交给家长，让家长和孩子一起玩"猫抓老鼠"的游戏，几组家庭轮替进行（每组家庭轮流当"小猫"）。

家长指导：

1. 游戏过程中家长需要时刻观察儿童的表情、动作或行为，确保捕捉到他们对于音乐声的反应状况，辅助他们感知音乐的开始与停止。

2. 若儿童对音乐声暂无反应，家长可以带领儿童或者引导儿童观察别的家庭的表现，以此来让他们感知音乐的开始与停止。

3. 当家长示范音乐停止的反应给儿童看时，可以通过动作的停止来让儿童感受音乐停止，同时可以输入语言“音乐没有了”来帮助儿童理解。

4. 可以将活动延伸至儿童的其他生活游戏中，当儿童在家中玩耍时，家长可以播放一些音乐，并告知他们“音乐开始了，可以玩耍了”；当音乐暂停时，家长要让儿童把之前玩耍的物品都收起来，并告知他们“音乐停止了，要收玩具了”。

亲子听能活动六　咚咚咚，开始了

活动目标：

感知鼓声的开始与停止。

活动准备：

大鼓一个、鼓槌一根、玩具小皮球若干。

活动过程：

一、听觉探索，引起注意和兴趣

1. 教师请儿童与家长围坐成一个大圈，教师出示大鼓，一边用手指指着耳朵引导儿童进行听觉探索，一边敲击鼓，并及时进行语言输入："咚咚咚，听到了。"

2. 教师继续敲鼓，并进行语言输入："咚咚咚，听到了。"同时用手指指着耳朵引导儿童进行听觉探索。教师停止敲鼓，之后用摇头和摊手的动作表示鼓声的停止。让儿童通过听觉感知鼓声的开始与停止。

二、亲子互动：共同探索乐声的开始与结束

1. 教师出示小皮球并引导家长和儿童理解听到鼓声的时候开始传球，教师敲鼓，家长与儿童共同传球。

2. 教师停止敲鼓，示意大家停止传球，之后用身体语言表示"停止"和"结束"，并引导大家看看球停在谁那里，教师就走过去与儿童和家长击掌以示鼓励。

3. 教师又开始敲鼓，鼓声响起，传球继续进行，鼓声停止，传球停止。"开始"与"停止"的过程可以接替进行几次。

三、亲子游戏：咚咚咚，开始了

1. 教师将鼓交给其中一组家庭，并组织其他所有家庭围坐成一个圈。家长与儿童在听到鼓声的同时开始传球，并及时进行语言输入："开始了！"

2. 负责击鼓的家庭停止敲鼓，大家停止传球，之后家长用身体语言表示"停止"和"结束"，并引导大家看看球停在谁那里。之后由该组家庭继续敲鼓，如此持续5~6次后可结束游戏。

3. 每组家庭轮流负责敲鼓与引导，剩余的家庭配合进行游戏，直到所有家庭都负责过敲鼓与引导。

家长指导：

1. 在游戏的过程中，教师或家长应注意培养儿童听取乐声的习惯，以及听声音做简单动作的协调能力。对于不会传球的儿童，要先教会他们传球，然后再进行此游戏。

2. 若儿童对乐声反应不明显，家长可以结合夸张一点的肢体动作示范给儿童看，引起他们对乐声的关注与兴趣。

3. 活动可以延伸到家庭生活之中，儿童进行爬行（走路）活动时，家长播放音乐声音，并引导儿童开始进行爬行（走路）活动；音乐声音结束，则引导儿童停止爬行（走路）。

亲子听能活动七　碰一碰，抱一抱

活动目标：

分辨动物叫声的相同和不同——小狗、小猫、小羊叫声。

活动准备：

小狗、小猫、小羊动物模型若干，神秘盒，三种动物头饰若干。

活动过程：

一、示范引导，引起注意和兴趣

1. 教师出示神秘盒并摸出一个动物模型，之后请家长带着儿童轮流摸出一个动物模型。

2. 教师根据摸到的动物模型发出叫声，如“汪汪汪，汪汪汪”。之后请家长和儿童观察自己摸到的动物模型，找到和教师一样的小狗模型并与教师手中的狗狗碰一碰，教师输入语言“汪汪汪，汪汪汪，一样的”。

3. 教师拿着小狗模型去找其他动物模型，并放在一起比较，在过程中输入语言“汪汪汪/喵喵喵/咩咩咩，不一样”，让儿童感受两个动物的不同。

二、互动参与：感知音质的异同

1. 请所有家长和儿童将第一环节的动物模型放回神秘盒，并摇晃神秘盒，引导儿童聆听盒内的声音。

2. 再次请家长和儿童轮流摸出一个动物模型，并轮流来到教师的位置模仿第一环节的流程，与其他家长和儿童互动找朋友，家长辅助进行语言输入。

三、亲子游戏：听声音找朋友

1. 教师出示动物头饰，请儿童选择自己喜欢的一种动物，家长模仿该动物的叫声给儿童听。之后将头饰戴在儿童头上，并引导儿童一起模仿发出该动物的声音。

2. 家长引导儿童去寻找和自己动物头饰一样的同伴，找到后双方轮流模仿动物叫声，并引导他们互相抱一抱。家长可一边引导游戏一边进行语言输入：“××× ×××，声音一样的，抱一抱，抱一抱，我们都是好朋友。”

家长指导：

1. 家长要时刻观察儿童在游戏过程中是否有共同关注，当儿童注意力转移时，要及时拉回他们的注意力。

2. 家长观察儿童是否理解游戏，若还未理解，家长要适当地增加语言输入并在生活中提供更多“一样/不一样”的物品及声音强化理解。

亲子听能活动八　听声音找朋友

活动目标：

分辨动物叫声的相同和不同。

活动准备：

神秘盒两个，两两相同的动物模型、两种颜色的毛毡布洞洞手套、托盘若干。

活动过程：

一、示范探索，引起注意和兴趣

1. 教师出示三只手套，其中两只颜色相同，另一只颜色不同。引导家长和儿童观察比较，并找到颜色一样的两只手套，点头并输入语言“手套颜色一样的”。接着拿出两只颜色不同的手套，摇头并输入“手套颜色不一样”。

2. 教师出示两个神秘盒，盒子里面各装一只动物模型，教师依次拿起两个盒子并模仿盒子中动物的叫声给家长和儿童听；请家长回答听到的声音是否一样。之后给家长和儿童看盒子里的动物是否一样。

二、互动参与：感知音质的异同

1. 教师给每组家庭一个托盘，上面放着三只手套，其中两只颜色相同，一只颜色不同。请家长和儿童听一听两个神秘盒中动物的叫声，若声音相同，则家长和儿童各戴上颜色相同的手套握握手；若不同，则戴上颜色不同的手套握握手。

2. 教师打开神秘盒进行验证，家长输入相应的语言给儿童听。过程中亦可重复两个盒子中动物的叫声，请选择错误的家庭再次聆听并重新选择手套。

3. 一轮游戏结束后请家长和儿童将手套放回托盘，继续聆听下一组声音，并重复以上游戏过程。

三、亲子游戏：听声音找朋友

1. 给所有儿童戴上同一种颜色的手套，家长双手戴上颜色不同的两只手套。

2. 教师继续出示两个神秘盒，并根据盒子中的动物发出相应的叫声给家长和儿童听。听完后请家长带领儿童根据第二环节中的游戏规则去找家长手中相对应的手套并握握手。然后教师打开盒子验证是否找错朋友。找错的儿童可以及时调整。最后教师为每对好朋友贴上一样的小贴纸。

3. 教师与一位家长交换角色，继续进行上述游戏过程。

家长指导：

1. 家长要时刻观察儿童在游戏过程中是否有共同关注，当儿童注意力转移时，要及时拉回他们的注意力。

2. 家长观察儿童是否理解游戏，若还未理解，家长要适当地增加语言输入并在生活中提供更多“一样/不一样”的物品及声音强化理解。

3. 游戏与认知经验具有密不可分的联系，家长可以通过其他感知觉引导儿童理解声音的相同和不同，但是游戏的目标始终要聚焦在听觉能力的发展上，要跟儿童强调听的作用。

亲子听能活动九 呜呜呜，火车来啦

活动目标：

分辨长声与短声。

活动准备：

一个音乐播放器或者一个可以发出长声和短声的工具（如小铃铛、长笛等）、火车图卡和弹簧圈若干份、一段音乐《互动游戏音乐（长与短）》。

活动过程：

一、示范游戏，引起注意和兴趣

1. 教师摇动小铃铛，让儿童注意倾听，引起他们的兴趣。

2. 教师引导家长和儿童聆听长短不同的声响，出示弹簧圈，并配合声响的长短拉出不同的长度，进一步通过视觉提示强化儿童对不同声音的感知。

3. 请家长和儿童模仿教师发出相应声音，感知自己声音的长短。

二、亲子互动：共同感知，分辨长声和短声

1. 给每组家庭发一张火车头的卡片，贴在弹簧圈的一端，通过分辨声音的长短拉动弹簧圈出现“长长的火车”和“短短的火车”。

2. 教师发出一段长声或一段短声，让家长带着儿童根据听到的声音拉动弹簧圈到相应的长度。

3. 家长引导儿童观察，帮助他们更好地分辨长声和短声。

三、亲子游戏：呜呜呜，火车来啦

1. 播放一段节奏明快的音乐——《互动游戏音乐（长与短）》（张敏敏版）。

2. 家长和儿童手牵手围成一个大圆圈，方便儿童互相观察。

3. 在音乐响起时，教师带领家长和儿童按节奏摆动手臂。

4. 当出现长音时，家长握住儿童双手拉长弹簧圈；当长音结束时，慢慢缩短弹簧圈。

5. 游戏可以反复进行多次，以增加亲子间的互动和儿童的听觉注意力。

家长指导：

1. 家长在引导儿童游戏时需要时刻观察他们的表情、动作或行为，确保他们有聆听意识后再操作弹簧圈。

2. 游戏过程中要注意动作随声音而动，把握好声音与拉动弹簧变长、变短的关系，便于儿童模仿和理解。

3. 家长可以带领儿童继续进行类似的声音分辨活动，加深对长声和短声的理解。

亲子听能活动十　大大的声音还是小小的声音

活动目标：

分辨大声与小声。

活动准备：

各种常见的乐器、各种常见的大小动物模型、大小圆圈、大小玩具收纳篮和大小房子若干。

活动过程：

一、感知探索，引起注意和兴趣

1. 教师准备好大的动物模型放在大的玩具收纳篮里，小的动物模型放在小的收纳篮里。游戏开始，教师出示鼓，一边用手指耳朵进行感知与探索，一边用鼓槌重重地敲击鼓，发出大大的声音，用夸张的身体语言示范，并输入语言：“大大的声音，声音是大大的！”听到大大的声音，教师拿出一只大大的动物模型，送进大大的房子里。

2. 教师出示鼓，一边用手指耳朵进行感知与探索，一边用鼓槌轻轻地敲击鼓，发出小小的声音，用夸张的身体语言示范，并输入语言：“小小的声音，声音是小小的！”听到小小的声音，教师拿出一只小小的动物模型，送进小小的房子里。

3. 游戏可以反复进行几次，请大家参与，送不同的大小动物回不同的家。

二、亲子互动：一起感受大小声音

1. 教师将鼓交给其中一组家庭，敲击出大大的声音，听到大的鼓声，进行语言输入：“这是大大的声音。”其他任意一组家庭参与游戏，拿一个大的动物送进大的房子里。

2. 教师将鼓交给另一组家庭，敲击出小小的声音，听到小的鼓声，进行语言输入：“这是小小的声音。”其他任意一组家庭参与游戏，拿一个小的动物送进小的房子里。

3. 剩余家庭轮流参与游戏，直到每组家庭都获得过游戏体验。

三、亲子游戏：咦？我们去哪儿？

1. 首先，教师一边用鼓槌重重地敲击鼓，发出大大的声音，一边用夸张的身体语言示范，并输入语言：“大大的声音，声音是大大的！”引导大家走入大大的圆圈，回到大大的家。

2. 接下来，教师一边用鼓槌轻轻地敲击鼓，发出小小的声音，一边用身体语言示范并输入语言："小小的声音，声音是小小的！"引导大家走入小小的圆圈，回到小小的家。

3. 请所有家庭轮流敲鼓，随机敲出大或小的声音，其他家庭继续按以上规则进行游戏。

家长指导：

1. 游戏与儿童的认知经验密不可分，家长要增加儿童的生活经验并及时进行语言输入"大"和"小"。在游戏时，如果儿童不能正确判断声音的"大"和"小"，应让他们反复听，多对比、多认识，并结合一些肢体语言进行引导。

2. 在演示声音环节，声音的"大"和"小"要穿插进行。

亲子听能活动十一　听听谁来了

活动目标：

识别动物的叫声：猫咪（喵喵喵）、鸭子（嘎嘎嘎）、小狗（汪汪汪）。

活动准备：

魔法袋，动物模型、动物图片若干，粘贴板，鼓。

活动过程：

一、示范游戏，引起注意和兴趣

1. 教师提醒儿童："听，谁来了？"在教师的语音模仿声中逐个出现小动物的形象（猫咪、鸭子、小狗）。

2. 之后将动物藏在不透明的袋子中，教师随意模仿一个动物的叫声，请儿童来找一找是哪个动物。

3. 找到后，儿童和教师一起一边听动物的叫声，一边模仿动物的叫声和动物的动作（注意鼓励儿童自由模仿）。

二、亲子互动：听一听，找一找

1. 出示粘贴板，教师模仿猫咪叫声："喵喵喵——"儿童找出猫咪的图片进行粘贴。

2. 将粘贴板分发给每组家庭，由家长随机模仿动物叫声，儿童找出对应动物的图片进行粘贴。

3. 粘贴板贴满后由儿童将粘贴板送回教师手中。

三、亲子游戏：鼓上的舞蹈

1. 教师出示小鼓，并模仿动物叫声"嘎嘎嘎——"儿童找出鸭子，教师将鸭子放在鼓上，用力敲鼓，提醒儿童看，并说"鼓上的嘎嘎嘎，鸭子跳起来了"，以激发儿童的兴趣。

2. 家长带领儿童模仿动物的叫声，依次请其他儿童配合完成游戏。

家长指导：

1. 家长在引导儿童游戏时需要时刻观察他们的表情、动作或行为，确保他们有聆听意识后再做出相应动作。

2. 家长要引导儿童注意听动物的叫声，并鼓励他们积极参与游戏。在游戏中，家长要关注儿童的反应速度和准确性，及时给予鼓励和指导。

3. 家长可以带领儿童继续进行类似的游戏，扩展对更多动物声音的认知。

亲子听能活动十二　套套套，我套到啦

活动目标：

识别动物的叫声：小狗（汪汪汪）、小羊（咩咩咩）、小鸡（叽叽叽）、鸭子（嘎嘎嘎）。

活动准备：

动物叫声音频、与活动目标对应的动物头饰及动物模型若干、套圈玩具。

活动过程：

一、示范探索，引起注意和兴趣

1. 教师告知儿童："我们今天要来听一听哦，看看有什么小动物出来跟我们一起玩呢？"接着播放各种动物叫声的音频，吸引儿童的注意力，并告知家长和儿童今天要玩"识别动物叫声"的游戏。

2. 教师播放小狗叫声音频"汪汪汪"，之后出示小狗头饰，告知家长与儿童小狗的叫声是"汪汪汪"，然后让小狗和儿童及家长打招呼。家长和儿童反复聆听小狗的叫声，模仿小狗的动作打招呼。

二、互动参与：听一听，学一学，找一找

1. 教师请一组家长和儿童上前，教师播放小羊叫声"咩咩咩"，家长带领儿童选择小羊头饰并戴好，然后和其他的家长、儿童打招呼，在此过程中反复聆听小羊的叫声，模仿小羊的动作打招呼。

2. 教师请另一组家长和儿童上前，教师播放小鸡叫声"叽叽叽"，家长带领儿童选择小鸡头饰并戴好，然后和其他的家长、儿童打招呼，在此过程中反复聆听小鸡的叫声，模仿小鸡的动作打招呼。

三、亲子游戏：套套套，我套到啦

1. 教师指导家长带领儿童一起玩"套动物"的游戏：家长和儿童面前放好四种动物的模型，教师播放小动物叫声如小鸡叫声"叽叽叽"，然后家长带领儿童将套圈套在对应小动物的模型上，并告知儿童小鸡的叫声是"叽叽叽"。

2. 将活动交给家长引导，让家长和儿童一起玩"套动物"的游戏，几组家庭轮流进行（每个家庭轮流模仿动物的叫声，然后让其他家庭来进行"套动物"的游戏）。

家长指导：

1. 游戏过程中家长要时刻观察儿童的表情、动作或行为，以确保他们在聆听到小动物叫声时的反应，辅助他们辨识各种动物的叫声。

2. 若儿童对小动物叫声反应不明显，家长可以带领儿童多次聆听或者模仿给儿童听，以此来让他们辨识各种动物的叫声。

3. 可以将活动延伸至儿童的其他生活游戏中。例如，在家中玩耍时，家长可以和儿童玩“小动物捉迷藏”的游戏，让他们聆听动物叫声，选出对应的动物，然后将其他动物藏起来，让他们和被选出的动物一起找到其他的动物，家长可以模仿一下每次被找出来的动物的叫声，帮助儿童辨识更多的动物叫声。

亲子听能活动十三 咚——咚咚咚

活动目标：

尝试通过听音节数量的不同，识别单音节词汇与三音节词汇。

活动准备：

单音节词和三音节词相关的玩具模型与图片，如猫、长颈鹿等的模型与图片，彩色跳圈、空白贴图用纸若干，手鼓。

活动过程：

一、示范游戏，感知音节数量的不同

1. 教师拍拍手鼓，让儿童注意聆听，引起他们的兴趣。

2. 聆听音节数量不同的词汇，配合敲击不同次数的手鼓。例如，说“狗”时，敲击手鼓一下；说“长颈鹿”时，敲击手鼓三下。通过聆听鼓声次数和观看敲击手鼓次数，进一步通过视觉提示强化对单音节和三音节词汇的感知。

3. 可请家长和儿童模仿教师发出相应词的声音、按对应音节的数量拍手，感知所说词汇的不同。

二、亲子互动：一起跳一跳

1. 准备相应家庭数量的袋子。每个袋子中有两个物品，物品的种类不尽相同，均包含一个单音节词物品和一个三音节词物品。

2. 空地位置摆放 4 个圈，请每组家庭依次摸出袋子中的物品，若摸出单音节词物品则跳一个圈，若摸出三音节词物品则跳三个圈，完成任务的儿童可以获得贴纸奖励。

3. 教师示范摸出袋子中的一个物品，拿出后说一说它是什么，如“汉堡包”，教师可以拿着汉堡包向前跳三下，跳到第三个圈中。然后再摸出一个物品，如“羊”，向前跳一下跳到第四个圈中。教师示范之后，儿童模仿教师进行游戏。完成任务的儿童可以获得贴纸奖励。

三、亲子游戏：听一听，贴一贴

1. 按家庭数量准备对应的教具。每组家庭一套操作材料：一张白板用于贴图片，白板中间用一条竖线分割成两个区域；8～10 张图片，包含单音节词和三音节词若干。

2. 儿童任意抽取一张图片，在家长的辅助下听或者听并说后，将图片贴在左边或右边任意区域。接下来依次抽取剩余的图片，将一样音节数量的图片贴在同一个区域内。

3. 贴一贴的操作完成后，家长可以引导儿童找一找不同分区中图片的规律。

家长指导：

1. 家长在引导儿童游戏时需要时刻观察他们的表情、动作或行为，确保他们有聆听意识后再做出相应动作。

2. 游戏过程中要注意语言输入的技巧，恰当地发出相应词的声音进行强调，便于儿童模仿和理解。

3. 家长可以带领儿童继续进行类似的游戏，帮助他们通过聆听音节数量识别单音节词汇与三音节词汇。

亲子听能活动十四　咚——锵——哗啦啦

活动目标：

识别不同的声响玩具。

活动准备：

鼓、锣、雨声筒、不透明的纸箱、小红花贴纸若干。

活动过程：

一、示范探索，引起注意和兴趣

1. 教师跟儿童和家长打招呼，并且出示不透明的纸箱，告诉儿童和家长“这个箱子会发出不同的声音，等会儿一起来听一听是什么声音”。教师在不透明的纸箱里放鼓，然后敲响鼓，发出“咚咚咚”的声音，让儿童仔细聆听。

2. 教师告知儿童和家长刚才听到了“咚咚咚”的声音，然后把鼓拿出来给儿童和家长看，并且再一次敲响鼓，告知儿童和家长敲鼓会发出“咚咚咚”的声音。

3. 教师给每组家庭一个鼓，请家长带领儿童一起敲鼓并聆听声音。

二、亲子互动：共同敲锣，感知锣的声音

1. 教师请一组家庭上前，让儿童和家长一起在不透明的纸箱后面敲锣，并让其他的家长和儿童仔细聆听锣的声音“锵锵锵”。

2. 示范的家庭将锣拿出来，并且再次敲响锣，告诉其他的家长和儿童敲锣会发出“锵锵锵”的声音。

3. 教师给每组家庭分发一个锣，请家长带领儿童一起敲锣并聆听声音。

三、亲子游戏：咚——锵——哗啦啦

1. 教师指导家长带领儿童一起进行“咚——锵——哗啦啦”的游戏：家长和儿童面前有鼓、锣和雨声筒，教师在不透明的纸箱后面敲击声响玩具如鼓，当听到鼓声后，家长和儿童一起敲自己面前的鼓，然后教师拿出手中的鼓，告诉儿童他们听对了。然后给听对的儿童小红花贴纸作奖励。

2. 将活动交给家长，两组家庭一队，让家长和儿童一起来玩“咚——锵——哗啦啦”的游戏，每组家庭之间轮流进行。

家长指导：

1. 游戏过程中家长需要时刻观察儿童的表情、动作或行为，确保捕捉到他们对声响玩具的反应。

2. 若儿童对声响玩具的声音不敏感，家长可以让他们多次聆听，每次聆听的过程中进行语言输入，让他们能感知到不同的声音。

3. 可以将活动延伸至儿童的其他生活游戏中，比如日常生活中的电话声音和水龙头水流的声音，告知儿童这两个声音是不一样的。当听到电话铃声响起的时候，可以跟儿童输入“叮铃铃，电话响啦”，告知他们电话铃声是什么样的；同理，水龙头水流声也是如此，当听到“哗啦啦”的声音，就可以带着儿童去关闭水龙头。

亲子听能活动十五　是谁呀

活动目标：

识别生活中的声音。

活动准备：

动画课件、玩具电话、门的模型、动物头饰若干、一个小音箱（音箱上贴有门和电话两张图卡）。

活动过程：

一、共同聆听，引起注意和兴趣

1. 教师播放动画课件，课件中先出现敲门声，引起儿童兴趣，并引导他们模仿“咚咚咚”的声音，之后继续播放动画看看是谁来了。

2. 教师播放电话响了的动画课件，并引导儿童模仿“丁零零”的声音，之后继续播放动画听到电话中动物的声音，如“汪汪汪”，请家长和儿童听一听是谁打来的电话。

二、互动参与：是谁呀

1. 教师出示两个电话玩具，其中一个放置在一个角落。之后由每组家庭轮流游戏，听到“丁零零”的声音后家长带着儿童接起电话，并在电话中打招呼。当其他儿童去接电话，等待在一旁的儿童如果也做出听到电话铃声的反应时，家长一定要及时给予儿童反馈，并输入语言。

2. 教师给每组家庭戴上不同的动物头饰后于门后排队，第一组家庭敲门后，教师去开门，并输入语言“咚咚咚，谁来啦？哦，是××呀！你好！”之后每组家庭轮流开门，由前一组家庭带领儿童在听到敲门声后去开门，同时仿照教师的语言输入给儿童听。

三、亲子游戏：什么声音呀

1. 教师出示音箱，请一组家庭将音箱随机藏于教室的某个角落，教师随机播放敲门声和电话铃声中任意一个声音，循着声音找到音箱后，选择对应声音的卡片给大家看，说“我找到了，是敲门的声音”。

2. 请第二组家庭去藏音箱，由第一组家庭模仿教师的游戏过程完成识别声音过程。直至所有家庭完成游戏。

家长指导：

1. 在生活中，要引导儿童听各种声音，让他们养成良好的聆听习惯。儿童喜欢游戏，我们可以结合生活让他们能够通过游戏来更快乐地学习。

2. 互动游戏中家长可以使用夸张的表情、肢体动作表现声音的有无，鼓励儿童与家长进行互相配合。

3. 不同声音的刺激，会让儿童更快地适应这个有声的世界、爱上这个世界、更快地融入社会生活。家长可以带儿童到处走走、看看、听听。多和周围的人说话、聊天也可以让儿童更好地适应不同人的言语声，所以家长的陪伴时间要充分。

亲子听能活动十六 雨娃娃、风婆婆和雷公公

活动目标：

识别生活中的自然环境声音。

活动准备：

各种自然环境声（如雨声、风声、雷鸣等）的录音、与声音相对应的图片或卡片、雨声筒、拉菲草、雷声鼓、纸张、有声话筒或手机。

活动过程：

一、示范游戏，引起注意和兴趣

1. 教师播放一段自然环境声音的录音，让儿童尝试猜测是什么声音。然后出示相应的图片或卡片，让儿童了解这个声音的来源和含义。

2. 教师依次播放雨声、风声和雷鸣声的音频、视频，并向儿童展示对应的图片。

二、亲子互动：共同探索自然环境声

1. 邀请家长与儿童共同参与游戏，让家长和儿童跟随教师一起听录音模拟自然环境声音进行发声："哗啦啦""呼呼呼"和"轰隆隆"。

2. 教师出示雨声筒，旋转雨声筒发出"哗啦啦"的声音，再轮流传递给每一组家庭旋转雨声筒，感受雨声。然后分发拉菲草，让家长和儿童共同制作不同的"雨声"。

3. 教师出示雷声鼓，拨动雷声鼓发出"轰隆隆"的声音，再轮流传递给每一组家庭拨动雷声鼓，感受雷鸣声。然后分发纸张配合雷声鼓让家长和儿童共同制作不同的"雷声"。

4. 教师拿出话筒发出"呼"声（或打开录音录制后播放）模拟风的声音，让儿童轮流来参与制作不同的"风声"。

三、亲子比拼：听声音匹配图片

教师播放各种自然环境声音的录音，让儿童和家长一起听，然后从一堆图片或卡片中找出与录音相对应的图片。这个游戏可以帮助儿童提高听觉注意力，增强对声音的记忆和理解。

家长指导：

1. 家长在引导儿童游戏时需要时刻观察他们的表情、动作或行为，确保他们有聆听意识后再做出相应动作。

2. 游戏过程中要注意引导儿童建立良好的聆听习惯，当播放或示范声响的时

候需要引导儿童专注聆听，便于他们理解。

3. 家长可以带领儿童继续进行类似的游戏，加深他们对生活中更多自然环境声音的关注与理解。

亲子听能活动十七　快跑慢爬

活动目标：

分辨声音节奏的快和慢。

活动准备：

小鼓若干面，“小马快跑”“乌龟慢爬”的视频文件，小马、乌龟动物模型若干，代表小马家、乌龟家的图片各一张，仿真草坪一片，蘑菇若干。

活动过程：

一、示范引导，引起注意和兴趣

1. 教师出示小鼓，依次播放“小马快跑”和“乌龟慢爬”的视频，并随着视频中的节奏敲鼓，敲的过程中可以输入语言“咚咚咚咚咚，快快快快快跑”“咚——咚——咚——，慢——慢——慢——慢爬”。

2. 每个家庭领取一面鼓，随机播放视频，由家长引导儿童跟着节奏敲鼓。两种节奏各游戏两次。

二、互动参与：听一听，学一学，找一找

1. 教师将小马和乌龟模型混合放在一个篮筐里，然后随机选择一个节奏敲鼓，请第一组家庭听一听是“快”还是“慢”。若是“快”的声音节奏则模仿小马快跑至篮筐前面拿取一匹小马模型；若是“慢”的声音节奏则模仿乌龟慢爬至篮筐前面拿取一只乌龟模型。

2. 随后请第一组家庭模仿教师随机敲响一个节奏，让第二组家庭进行游戏选择。以此类推，直至最后一组家庭完成选择。

3. 最后每组家庭将各自拿到的动物送回它们各自的家。

三、亲子游戏：采蘑菇

1. 教师在教室的一端设置蘑菇草坪，在另一端设置小马和乌龟的家，请所有家庭轮流帮小马和乌龟采蘑菇。教师敲响鼓，鼓声可以忽而快忽而慢，请家长带着儿童根据鼓声节奏用快跑或慢走的方式去草坪上采蘑菇，并用同样的方式回到起点。儿童可以任意选择将蘑菇送到谁家。

2. 随后请采完蘑菇的家庭为后一组家庭敲鼓。以此类推，直至所有家庭完成游戏。

家长指导：

1. 家长要时刻观察儿童在游戏过程中是否有共同关注，当儿童注意力转移时，要及时拉回他们的注意力。

2. 家长在引导儿童参与第二环节游戏时，不能错失语言输入的机会，可以配合动作进行语言输入理解，如“我听到咚咚咚咚咚/咚——咚——咚——的声音啦，我们快快快快快跑/慢——慢——慢——慢爬，去找小马/乌龟吧”。

3. 游戏与认知经验具有密不可分的联系，家长可以在对应的生活情境输入“快”“慢”不同的声音节奏给儿童听，提升他们感知和分辨的能力。

亲子听能活动十八 拍一拍

活动目标：

识别高、中、低频言语声。

活动准备：

林氏六音图卡、常见的拍手器玩具若干，神秘盒。

活动过程：

一、感知探索，引起注意和兴趣

1. 教师准备好林氏六音图卡放在神秘盒里，一边用手指向耳朵进行感知与探索，示意大家听一听。出示一张火车的图卡，一边发出/u/的声音（低频言语声），一边输入语言："u，u，u，火车来了！"反复听一听火车/u/的声音，结合相应的开火车肢体动作。随后，把/u/音图卡贴在小白板上。

2. 教师以同样的方式出示林氏六音图卡，/m/音（低频言语声）图卡、/ɑ/音（中频言语声）图卡、/i/音（中频言语声）图卡、/sh/音（高频言语声）图卡、/s/音（高频言语声）图卡.

二、亲子互动：一起感受高、中、低频声音

1. 教师发出/u/声，出示拍手器玩具，示意听到/u/声时拿着拍手器去拍一拍白板上/u/音的图卡，并模仿/u/的发音，做出相应的肢体动作。

2. 请一组家长带着儿童一起参与游戏，听到教师发出/u/声，家长带着儿童一起拿着拍手器去拍/u/音图卡，同时家长带着儿童发出/u/音，按能力做出相应的动作。

3. 其他组的家庭轮流参与识别言语声游戏，直到高、中、低频声音都演示完，所有的家庭都参与。

三、亲子游戏：拍一拍哪个

1. 教师将事先准备好的林氏六音图卡和拍手器分给每组家庭，请每组家长和儿童进行自主游戏。

2. 家长指导儿童认真听，家长发出高、中、低频中任意一个声音，儿童尝试用拍手器玩具拍一拍相应的图卡，如儿童不能听出来，请家长再一次进行完整发音。

3. 游戏可以反复进行几次，直到识别完所有的高、中、低频声音，教师在一边进行巡回指导。

家长指导：

1. 在出示玩具和图卡之前，可以加入有一定模仿性的肢体动作模仿等环节，引起儿童的注意和兴趣。

2. 在演示高、中、低频声音环节，声音的“高”“中”“低”要穿插进行，一般从比较容易识别的低频声音/u/或/m/开始游戏。

3. 如果儿童不能正确判断和识别出高、中、低频声音，应让他们反复听，多对比、多认识，并结合一些肢体语言进行引导。

亲子听能活动十九　一起来骑马

活动目标：

识别普通话的四声。

活动准备：

四种不同声调（“ˉ”“ˊ”“ˇ”“ˋ”）卡片若干；木马玩具若干；与/tang/四声调音节相对应的实物或图片，如汤、糖、躺、烫；轻柔的音乐。

活动过程：

一、热身示范，引起注意和兴趣

1. 教师播放轻柔的音乐，让家长带领儿童一起进行简单的身体运动，比如拍手、一起摇摆，激发儿童对于声音的兴趣。

2. 教师出示声调卡片“ˉ”，然后展示与之对应的实物或图片（一碗汤），让家长和儿童一起模仿发音，并且教师通过肢体动作（双手平举）帮助儿童理解听到的声调，之后进行实物或图片的指认。

二、亲子互动：共同模仿

1. 家长和儿童一起选择一张声调卡片并出示，如“ˇ”，然后展示与之对应的实物或者图片（某人躺在躺椅上的图片），家长带领儿童发音并让其他家庭一起聆听，之后指认实物或图片。

2. 家长先发出不同声调的/tang/，让儿童模仿代表声调的动作。然后，家长与儿童互换角色，儿童发出声音，家长模仿。

三、亲子游戏：一起来骑马

1. 教师指导家长带领儿童进行“一起来骑马”的游戏：教师准备四个木马，在每个木马上分别贴上代表“tāng、táng、tǎng、tàng”四个不同音节的卡片。然后教师唱儿歌“骑大马，骑大马，tāng tāng 马儿在哪里，tāng——”家长和儿童围绕木马走动。让家长和儿童认真听最后一个字，家长和儿童需要迅速找到与听到的最后一个音节相匹配的木马坐下。

2. 将活动交给家长，让家长和儿童一起来玩“一起骑大马”的游戏，几组家庭轮流进行（每个家庭轮流负责唱儿歌）。

家长指导：

1. 游戏过程中家长需要时刻观察儿童的表情、动作或行为，确保捕捉到他们对声调的反应状况，辅助他们感知声调的不同。同时对于音节/tang/的清晰度不做要求，主要以声调的模仿与识别为重点。

2. 若儿童对声调不理解，家长可以带领儿童或者引导儿童观察别的家庭的表现，同时可以通过动作让儿童感知。

3. 可以将活动延伸至儿童的其他生活游戏中，如在家中给他们准备更多的各种声调卡片，让他们在家中玩指一指的游戏，帮助他们更好地在生活中进行声调学习。

亲子听能活动二十　水果切切乐

活动目标：

听懂短句中的一项名词（熟悉的水果）。

活动准备：

切切乐玩具若干组、盘子若干个、喂食大嘴巴的动物手偶三个。

活动过程：

一、情景展示，引起注意和兴趣

1. 教师出示一个苹果，告知儿童“这是苹果，苹果是红红的，苹果是圆圆的”，并示范切一切苹果，引起儿童参与活动的兴趣。

2. 教师出示更多的水果，请儿童玩“切切乐”的游戏。

二、亲子互动：和水果交朋友

教师分发切切乐玩具，请家长和儿童玩“切切乐”游戏，在游戏过程中了解儿童对各种水果的熟悉程度，并增加对相关水果的语言输入，如“帮我切香蕉”。

三、亲子游戏：听一听，喂一喂

1. 教师出示动物手偶和水果模型（苹果、香蕉、西瓜），示范一边操作手偶一边说：“我好饿呀，我想吃西瓜，可以帮帮我吗？”然后请一名儿童上前拿出西瓜喂给小动物吃。

2. 教师分发动物手偶和水果模型。家长和儿童玩“动物喂食”游戏，听到指令后选择对应的水果做喂食的动作，如果拿错了，动物手偶会摇摇头，并说：“我们再听一次。”如果儿童无法独自进行，请家长协助完成。

家长指导：

1. 家庭游戏活动过程中出现的水果必须是儿童已经学习过并且熟悉的水果，同时家长要确保作为备选项的物品也是儿童认识并熟悉的。

2. 在家庭中可以使用真实的水果来进行游戏，帮助儿童更好地完成泛化拓展练习。

亲子听能活动二十一　小动物拔萝卜

活动目标：

听懂短句中的一项名词（熟悉的动物名称）。

活动准备：

儿童熟悉的动物模型、胡萝卜模型若干，棕色橡皮泥若干，农场情境布置，大卡车玩具。

活动过程：

一、情景互动，引起注意和兴趣

1. 教师给每组家庭发一小盒棕色的橡皮泥，带领家长和儿童共同布置农场中的土地，并在“泥土”上挖好可以种胡萝卜的小坑。

2. 教师请家长和儿童各拿一个胡萝卜种在布置好的农场情境中。

二、互动参与：听一听，找一找

1. 教师告知家长和儿童，农场里要来许多小动物，它们还在大大的卡车里，请儿童轮流听指令，将它们一个一个地送到农场中。

2. 教师带着大卡车依次开到每个儿童面前，请儿童听一听“请你把××送到农场里”。儿童根据指令拿取正确的动物模型。

三、亲子游戏：小动物拔萝卜

1. 教师指导家长和儿童玩“小动物拔萝卜”的游戏。家长在农场中选择3~4个儿童熟悉的动物放置于他们面前，说出指令“××要去拔萝卜啰!”让儿童带着听到的动物去任意拔一个萝卜。

2. 请儿童一起帮忙整理玩具，并总结活动。

家长指导：

1. 家庭游戏过程中，家长每次出示给儿童选择的动物应当是儿童熟悉的。家长提供相应物品给儿童选择时，物品数量应控制在3~4个。

2. 若儿童听到第一遍指令无法完成时，可以完整地复述一次指令给儿童听；若第二次仍不能完成，可以请家长辅助完成，并再次复述完整的指令给儿童听，帮助他们理解、分析、记忆指令。

3. 教师要提醒家长，在发指令时需要提醒儿童注意听，并在儿童做好聆听准备之后再发指令。

亲子听能活动二十二　娃娃穿衣

活动目标：

能听懂短句中的一项名词（熟悉的服饰名称）。

活动准备：

儿童熟悉的服饰类物品若干组，穿衣娃娃若干，浴缸玩具。

活动过程：

一、情景互动，引起注意和兴趣

1. 教师出示娃娃（已穿戴目标服饰），跟儿童打招呼互动。

2. 教师随后说："娃娃要洗澡澡了，要把衣服都脱掉哟！"之后一边给娃娃脱鞋子，一边说："脱鞋子，脱鞋子，娃娃脱鞋子。"

3. 教师邀请儿童轮流上来帮娃娃脱一件服饰，并引导儿童表达或模仿说自己脱的是什么。直至将目标服饰全部脱完。

4. 教师出示浴缸玩具，假装给娃娃快速洗澡。

二、示范互动：娃娃穿衣

1. 教师再次一一出示目标服饰，同时说出这些服饰的名称。

2. 教师任意选择4个服饰摆放成一排，并告知家长和儿童娃娃洗完澡了，请家长和儿童一起帮忙穿衣服。教师示范指令："娃娃要穿裤子，裤子在哪儿呢？"然后教师拿出裤子并说："裤子在这里，娃娃要穿裤子了。"教师示范给娃娃穿裤子。

三、亲子互动：听一听，穿一穿

1. 教师给每组家庭发放一组游戏材料，如衣服、裤子、袜子、帽子。由任意一个家长带领儿童模仿教师说指令。教师、其他儿童和家长根据指令快速选定服饰，并在家长的辅助下，由儿童给娃娃穿戴好服饰。

2. 以上游戏重复3~4次。每次重复游戏前，给每组家庭补充一个游戏材料，使儿童每次聆听并选择时有足够的干扰项。

家长指导：

1. 在活动中要听完完整的指令后才能开始选择服饰，培养儿童的聆听注意力。

2. 当完整的指令表述结束后，家长要等待儿童做出反应，如儿童无法做出正确反应，家长可再重复一次完整指令给儿童听；若仍不能完成，教师可指导家长使用声学强调技巧再次完整重复指令，或指导家长抓着儿童的手做出正确反应，同时再次输入语言给儿童听，如"娃娃要穿××，我们拿××，把××给娃娃穿"。在游戏过程中，家长要鼓励儿童表述关键词和拟声词。

亲子听能活动二十三　听一听，做一做

活动目标：

听懂短句中的一项动词（拍拍手、摇一摇、跳跳跳）。

活动准备：

儿歌《小白兔》，课件，卡片（拍拍手、摇一摇、跳跳跳），小兔子头饰、胡萝卜若干，格子垫子。

活动过程：

一、示范互动：看卡片，做动作

1. 教师播放儿歌《小白兔》，引发儿童的兴趣。

2. 教师播放课件，出示小白兔、小路和胡萝卜的图片，并告知儿童和家长“小兔子肚子饿了，想要吃胡萝卜”。

3. 教师依次出示“拍拍手”“摇一摇”“跳跳跳”的图片，并说短句“请你拍拍手/摇一摇/跳跳跳”，引导儿童和家长做相应的动作。

4. 以上游戏重复三次，其间随机轮流出示“拍拍手”“摇一摇”“跳跳跳”三张图片，帮助儿童巩固对图片及动作词汇的理解。

二、集体游戏：听指令，做动作

1. 教师在地上放置五块格子垫子做成小路，给家长和儿童发放小兔子头饰，在小路终点放置一筐胡萝卜。

2. 家长和儿童一起扮演小兔子，并排队走小路。教师在每个格子里放置一张卡片，教师拿起并表述卡片中的动作，请儿童和家长做对应动作，再出示卡片给儿童及家长观看。做对动作即可往前走一步，直至做对五个动作（动作内容随机，确保三个动作都至少做一遍），走到终点，可以拿到一根胡萝卜。

三、小组游戏：我来说，你来做

1. 每两组家庭结对组成一个游戏小组，教师给每个小组分发动作卡片。

2. 两组家庭面对面，将卡片放在中间。每组家长和儿童轮流拿卡片，并说出卡片上的动作，如对方家长和儿童做对动作，即可得到一根胡萝卜。在游戏过程中，家长鼓励儿童表达及引导儿童通过聆听分辨是什么动作。如无法通过聆听理解所要做的动作，家长可以给予辅助。

家长指导：

1. 本次活动中需要儿童做出“跳”的动作，部分大于18月龄的儿童可以做原地双脚跳起的动作，部分儿童可能还无法做到离地跳，但只要儿童能做一些类

似的起跳准备，也可以视为儿童理解了“跳”的含义。

2. 游戏过程中家长需要结合图片和正在做的动作，及时进行语言输入，强调短句中的关键动词，帮助儿童理解动作指令的含义。

3. 游戏过程中家长要适当等待儿童做出反应，如儿童无反应或做的动作不对，家长可示范动作或出示卡片，同时进行对应的语言输入。

4. 儿童学习和理解目标动词的含义需要多次进行动作与语言的匹配。家长可以将目标词汇在生活中进行巩固和输入，在日常生活练习过程中可采用“听觉三明治”的策略，即先发出指令后做动作，之后再重复一遍指令的策略，帮助儿童养成注意聆听的习惯。

亲子听能活动二十四　1、2、3，跳

活动目标：

听懂简单儿歌中的动词“跳”。

活动准备：

音乐《快乐跳跳跳》《123，跳》，彩色圈圈若干，小脚印贴纸若干，动物模型，动物头饰。

活动过程：

一、示范游戏，引起注意和兴趣

1. 教师播放《快乐跳跳跳》，让儿童注意聆听，引起他们的兴趣。

2. 教师带领家长和儿童一起聆听音乐并观看视频，跟随视频中的动物们一起跳一跳，边听边做，帮助儿童理解动词“跳”。

3. 教师出示动物模型，引导家长带领儿童一起和青蛙、兔子跳跳跳。

二、亲子互动：一起走走跳跳

1. 教师让儿童选择一个喜欢的动物头饰戴在头上。

2. 教师摆放好小脚印贴纸和彩色圈圈，家长带领儿童轮流在脚印的位置走走走，当听到教师“跳”的口令时跳进圈圈里面。

3. 鼓励儿童互相观察，帮助他们更好地理解动词“跳”的意思。

三、亲子游戏：1、2、3，跳

1. 教师播放音乐《123，跳》，并示范如何听音乐进行律动，当听到“跳”时向前跳动一步。

2. 家长和儿童排排队，一边听音乐，一边模仿说“1、2、3，跳”，当说到“跳”时，向前跳进一个圈圈。

3. 游戏可以反复进行多次，以增加亲子间的互动和儿童的听觉理解能力。

家长指导：

1. 家长在引导儿童游戏时需要时刻观察他们的表情、动作或行为，确保他们有聆听意识后再做出相应动作。

2. 游戏过程中要注意动作随声音而动，当说到“跳”时配合跳的动作，便于儿童模仿和理解。

3. 家长可以带领儿童继续进行类似的律动游戏，加深他们对儿歌中动词的理解。

亲子听能活动二十五　点点画

活动目标：

听懂简单儿歌中的动词“点”。

活动准备：

奥尔夫音乐《点豆豆》，课件，音乐视频《点点画》，带有“点点”的事物如西瓜、草莓等图片、白纸若干，各色水彩颜料，绘画围裙。

活动过程：

一、音乐感知，引起注意和兴趣

1. 教师先播放儿歌《点豆豆》，并伸出食指，根据儿歌中动词“点”的节奏进行点点，引起儿童的兴趣。

2. 教师播放《点豆豆》课件，并跟随儿歌中出现的动词在画面中的豆子上“点点”，画面也随着儿歌变成一朵花。

3. 请家长带着儿童轮流模仿教师进行《点豆豆》游戏。

二、示范游戏：一起点点点

1. 教师播放儿歌《点点画》，让儿童注意倾听，引起他们的兴趣。

2. 教师在聆听音乐的同时观看视频，跟随儿歌中动词出现的节奏，带领儿童用手指在空中点点点。

3. 教师出示西瓜、向日葵和孔雀图片，再次带领儿童聆听儿歌，并示范根据儿歌中“点点点”的节奏，在图片中点出相应图案。

三、亲子游戏：一起点点画

1. 教师给每个儿童一张白纸，请家长辅助儿童用手指蘸上喜欢的水彩颜料，边听儿歌边在白纸上点点，最后将所有点点连成线。

2. 教师将各种带有“点点”的事物图片提供给儿童选择，并请家长帮助选择好对应颜色的水彩颜料，用手指蘸好颜料并做好聆听准备。

3. 教师播放音乐，请家长和儿童共同聆听音乐节奏，当音乐进行到动词“点”时，家长握着儿童的小手在图片上点点点。

4. 家长唱儿歌，鼓励儿童边聆听边进行点点画，强化对动词“点”的理解。

家长指导：

1. 家长在引导儿童游戏时需要时刻观察他们的表情、动作或行为，确保他们有聆听意识后再做出相应动作。

2. 亲子游戏过程中，家长唱儿歌时可以根据儿童的能力适当调整儿歌节奏的快慢，鼓励儿童自己听到动词“点”时做出反应动作。

3. 家长可以改编儿歌，将该动词带入其他游戏中，比如点点身体游戏等。

亲子听能活动二十六　坐车啦

活动目标：

听懂句子中的两项名词（熟悉的动物、交通工具名称）。

活动准备：

常见的动物模型若干、交通工具若干、神秘袋若干。

活动过程：

一、感知互动，引起注意和兴趣

1. 教师把动物模型藏在神秘袋中，出示神秘袋吸引儿童的注意力，并请儿童依次摸摸神秘袋，激发儿童参与的兴趣。

2. 教师描述动物："它是一种动物，它有四条腿，它叫起来'喵、喵、喵'。"并慢慢出示动物的一部分身体部位，直至展示小猫全身，然后说出动物名称，把动物放在小桌子上。

3. 教师以同样的方式出示小狗、小鸡、小鸭、小牛、小羊等儿童较为熟悉的动物，然后依次放在小桌子上。

二、示范参与，亲子共同游戏

1. 教师先模拟汽车的拟声词"嘀嘀嘀"，再出示小汽车，引导儿童模仿出汽车的声音。

2. 教师输入含有两项名词的指导语句子，如"汽车来了，请小狗和小猫坐车"。

3. 教师请其中一组家庭的家长和儿童参与，拿出两个目标动物坐上小汽车开一开。教师可以引导家长和儿童一起回忆并尝试说出："汽车来了，请小狗和小猫坐车。"

4. 其他组家庭轮流参与游戏。

三、亲子游戏：坐车啦

1. 教师将已经准备好的交通工具和动物分给每组家庭，请家长和儿童进行自主游戏。

2. 家长出示动物和交通工具，引导儿童认真听，并说出指导语："汽车来了，请××和××坐车！"儿童进行游戏操作，如儿童不能听出关键名词，家长再进行一次完整语言输入。

3. 游戏可以反复进行几次，教师进行巡回指导。

家长指导：

1. 在出示玩具之前可以加入听一听、看一看、摸一摸等环节，引起儿童的注意和兴趣，提高其参与度。

2. 游戏与儿童以往的认知经验密不可分，出示的名词应是儿童熟悉的，家长要增加常识类经验并进行输入。在游戏中认识常见动物的环节，如果儿童不认识出示的动物，可以替换为其他熟悉的动物。

3. 在练习听取句子中的关键名词之前，要注意提示儿童认真听，听完完整句子后再去找出目标名词对应的物品，按儿童情况，鼓励儿童尝试去表达。

亲子听能活动二十七　超市大采购

活动目标：

听懂句子中的两项名词（熟悉的动物、蔬菜名称）。

活动准备：

购物篮、购物清单、常见不同种类蔬菜、篮筐若干，兔子玩偶，小狗玩偶，小猫玩偶。

活动过程：

一、示范采购，引起注意和兴趣

1. 教师出示兔子玩偶，告知家长和儿童今天要帮小兔子去超市买东西，然后教师抽取一张购物清单，并请儿童和家长一起聆听："我要去超市买土豆和白菜。"

2. 教师说完后，示范拿着购物篮到超市区域选出土豆和白菜，并告知儿童和家长："你看，我买了土豆和白菜。"然后把物品放在购物篮里，并把购物篮送到小兔子玩偶前，小兔子很开心地说"谢谢"。

二、亲子互动：共同采购

1. 家长带着儿童上前，请儿童选择一个动物玩偶（如小狗玩偶），然后家长和儿童一起抽一组购物清单，看好之后家长说："我要买蘑菇和西蓝花。"

2. 儿童在听到家长的清单内容后，去超市区域拿出对应的物品，并将物品放在购物篮里面，然后将购物篮给小狗。家长扮演小狗很开心地跟儿童说"谢谢"。

三、亲子游戏：超市大采购

1. 教师将一筐筐的蔬菜放在每组家庭面前，然后教师抽取一组清单，并且出示小猫玩偶，扮演小猫，请儿童和家长仔细听一听："我想要买黄瓜和茄子。"再请每组家庭将正确的物品拿出来放在购物篮里面交给小猫。

2. 将购物清单都交给家长，由家长带着儿童进行游戏。每正确完成一次游戏，家长可以奖励儿童一张贴纸，直至游戏结束。

家长指导：

1. 游戏过程中家长需要时刻观察儿童的表情、动作或行为，确保他们有在认真聆听，同时要注意让他们专心等待，不能一听到物品就立马行动。

2. 若儿童没有正确拿取听到的物品，家长不用着急，可以再给他们进行语言输入，同时也可以示范给他们看，让他们感受到每次要认真聆听并且是两个物品。当家长给儿童示范拿取两个物品时，家长可以在拿取过程中边说边拿取，让儿童在过程中进一步理解要同时拿取两个物品。

3. 可以将活动延伸至儿童的真实生活中，当儿童和家长去超市或者水果店时，家长可以让儿童帮忙，比如跟儿童说："宝宝，你帮我拿一下苹果和火龙果。"然后请儿童去帮忙拿。

亲子听能活动二十八　我是小帮手

活动目标：

听懂句子中的一项名词和一项动词（如“妈妈喝水”）。

活动准备：

爸爸、妈妈、爷爷、奶奶的人偶若干；一组日常生活照片（如爸爸擦脸、妈妈喝水等的照片）；毛巾（棉柔巾）、碗勺、杯子及梳子玩具若干。

活动过程：

一、引入：认识人物及物品

1. 教师出示日常生活照片，照片内容为“爸爸脸脏了，爸爸要擦脸”“妈妈口渴了，妈妈要喝水”“爷爷饿了，爷爷要吃饭”“奶奶头发乱了，奶奶要梳头”。一边出示照片，一边说短句。根据儿童的能力，可以采用完形填空的方式，让儿童进行表达，如老师说“妈妈要________”，等待儿童补充“喝水”。

2. 教师给每位儿童分毛巾、碗勺、杯子及梳子的玩具，并分别输入这些物品的功能，如出示毛巾时，可以说“毛巾用来擦脸”，并做出擦脸的动作。

二、集体游戏：我要来帮忙

1. 教师出示爷爷、奶奶、爸爸、妈妈的人偶，将人偶摆成一排，说出目标句，如“爷爷喝水”，请家长和儿童拿出杯子，然后轮流假装给爷爷喝水。

2. 教师依次说出不同的目标句，请儿童和家长根据指令拿出对应的物品，并找到对应的人偶做出动作。游戏一共重复四次。

三、小组游戏：我来说，你来做

1. 每两对亲子组成一组，老师给每一组分发四个人偶。

2. 请其中一组家庭发出指令，另一组的家长和儿童选择相应的物品做相应的动作。在游戏过程中鼓励儿童进行表达。

家长指导：

1. 在活动中要请儿童仔细聆听，听完完整的短句后才能开始选择物品。

2. 当完整的指令结束后，家长要等待儿童做出反应，如儿童无法做出正确反应，家长可给予提示，同时输入包含名词和动词的完整指令，从而让儿童完整地听到所有的信息。

3. 家长在日常生活中要和儿童一起玩假装游戏，同时在游戏过程中输入含有两个关键词的句子，如“××吃饭”等。

亲子听能活动二十九　动物派对

活动目标：

听懂句子中的一项名词和一项动词（如“请小狗跳一跳”）。

活动准备：

小猫、小狗、小鸭子玩偶若干；小猫、小狗、小鸭子叫、摇、跳、转圈的视频；派对音乐；带有儿童头像的贴纸板和贴纸若干。

活动过程：

一、示范互动：熟悉动物及动作指令

1. 教师分别播放小狗、小猫、小鸭子跳一跳，以及它们叫一叫、摇一摇和转圈圈的视频。

2. 教师依次模仿小狗、小猫、小鸭子的叫声，然后出示相应的动物玩偶，让动物排成一排。

3. 教师说出“小狗跳一跳”的指令，并抱起相应的玩偶做对应的动作。

4. 教师换不同的指令，重复游戏 3~4 次。

二、集体游戏：热闹的派对

1. 教师给每位儿童发小狗、小猫、小鸭子的玩偶。

2. 教师发指令，如“小猫摇一摇”，然后请儿童和家长根据指令拿对应的玩偶，并做出相应的动作。等待所有儿童都做对指令后，教师播放派对音乐，让儿童跟着音乐节奏，抱着玩偶摇动身体。以上游戏重复 3~4 次。

三、小组游戏：我们一起玩

1. 每两对亲子组成一组，教师给每组发放一张贴纸和带有儿童头像的贴纸板。

2. 由一组儿童和家长发出指令，另一组儿童和家长选择相应的玩偶做对应的动作。儿童选对玩偶并做出对应动作后，可以获得一张贴纸奖励。比比谁获得的贴纸最多。

家长指导：

1. 在活动中要请儿童仔细聆听，听完完整的短句后才能开始选择物品。

2. 当完整的指令结束后，家长要等待儿童做出反应，如儿童无法做出正确反应，家长可给予提示，同时输入包含名词和动词的完整指令，从而让儿童完整地听到所有的信息。

3. 家长在日常生活中要和儿童一起玩假装游戏，同时在游戏过程中输入含有两个关键词的句子，如“××吃饭”等。

4. 在小组游戏过程中，鼓励儿童与同伴互动，并让他们互相给对方贴纸奖励，培养同伴互动和交往的意识。

亲子听能活动三十　小动物买玩具

活动目标：

在图片或实物的提示下，听懂描述并指出相应的人或物。

活动准备：

四节车厢的小火车玩具、儿童熟悉的动物模型、玩具若干、小货架一个。

活动过程：

一、情境引入，示范描述

1. 教师引入玩具店的情境，通过描述的方式给家长和儿童介绍玩具店里的玩具，比如“它是圆圆的，我们可以用手拍拍拍，砰——砰——砰。哇，它是皮球。皮球圆圆的，我要拍皮球啰，砰——砰——砰”介绍完皮球之后，将皮球放在小货架上。

2. 教师继续描述另外三个玩具。过程中家长引导儿童认真聆听。

二、模仿参与，亲子共同参与游戏

1. 教师出示小火车玩具，并告知家长和儿童有四个小动物要上火车一起去玩具店买玩具。

2. 教师示范描述第一只小动物，之后随机选择三位家长根据教师的示范，模仿复述剩下的三只小动物。

3. 教师请一组家庭来开小火车，将小火车开到玩具店的门口。由教师通过描述给家长听的方式邀请第一个小动物下车买玩具。家长听完描述后将正确的动物送到玩具店的小货架边。

4. 随后由家长描述货架上任意一个玩具，请玩具店老板（教师）将玩具拿下来。

三、亲子游戏：小动物买玩具

1. 教师将所有家庭两两随机组队，由家长带领儿童模仿教师的游戏方式，负责各自的小小玩具店，并请儿童听一听、选一选，是哪个小动物下车买什么玩具。

2. 两组家庭交换角色完成游戏，教师总结活动。

家长指导：

1. 该目标需要建立在语言输入的基础上，而非侧重最后的测试环节。若儿童无法正确做出选择，说明儿童语言的积累不足，需要重复输入语言给他们听。

2. 给儿童输入的语言需要符合他们的能力水平，描述句应是儿童熟悉的简单句，句长可在2~4个简单句之间，视儿童能力决定，且在描述的最后应当加入儿童更加熟悉的词汇或是拟声词。

3. 游戏过程中需要听完所有的描述句后，才可以拿取目标物，有意识地培养儿童的聆听能力。

4. 当儿童做出正确的选择后，要让他们在相应的情境中完成游戏过程，给予鼓励。若儿童未能一次听出，可以完整地重复描述句请儿童再听一次。若儿童仍不能完成，可以由家长一边输入一边帮助儿童做出选择。

亲子听能活动三十一 魔法点一点

活动目标：

在图片或实物的提示下，听懂描述并指出相应的人或物。

活动准备：

魔法棒玩具若干、熟悉的不同类物品模型若干、增强玩具若干、神秘盒。

活动过程：

一、感知探索，引起注意和兴趣

1. 教师把所要出示的物品放入神秘盒并摇一摇，吸引儿童的注意力。请儿童摇一摇盒子，激发他们参与的兴趣。教师出示四个不同种类的物品：小狗、苹果、汽车、牙刷，逐一摆放在桌子上，然后出示魔法棒，表示要进行“魔法点一点”的游戏。

2. 教师输入描述句：“它是一种动物，它有四条腿，喜欢吃骨头，会‘汪汪汪’地叫，它是什么呢？”

3. 教师请其中一组家庭的家长和儿童参与，拿好魔法棒去点一点目标动物，及时输入：“哇，你们真厉害，猜对了！”教师伸出手掌和儿童及家长一起击掌，表扬他们做得很棒。

二、示范参与，亲子共同参与游戏

1. 教师继续输入描述句，描述其他剩下的物品：“它是一种日用品，它长长的，可以刷牙，刷刷刷，它是什么呢？”儿童和家长正确指出对应物品后，教师伸出手掌和儿童及家长一起击掌，表扬他们做得很棒。

2. 教师继续请其他组家庭参与游戏，直到描述完所有物品。

3. 教师可按情况请其中一组家庭的家长描述物品，教师在一边进行指导。

三、亲子游戏：点一点

1. 教师将准备好的魔法棒和四个种类的物品分给每组家庭，请家长和儿童进行自主游戏。

2. 家长出示物品，引导儿童认真听。家长输入描述句，儿童听完后进行点一点的游戏操作，如儿童不能听出关键物品，请家长再一次进行完整的语言输入。

3. 游戏可以反复进行几次，教师进行巡回指导。

家长指导：

1. 在进行此项活动时，注意描述句要符合儿童的能力水平，应是儿童熟悉的简单句，重复的拟声词或熟悉的词放在最后。

2. 讲完所有的描述句后，儿童才可以选出目标物品。

3. 当儿童做出正确的选择后，及时给予奖励。

4. 如果家庭游戏拓展时，家中没有魔法棒玩具，可以换成家里其他的玩具，如套圈、拍手器、鼓槌。

亲子听能活动三十二　一起来套圈

活动目标：

在图片或实物的提示下，听懂描述并指出相应的人或物。

活动准备：

小猫、汽车、球、勺子玩具若干；套圈若干；小篮筐若干。

活动过程：

一、示范互动：认识备选物及熟悉描述句

1. 教师依次出示四个备选物品，同时描述这些物品的特征。四个备选物品分别是小猫（描述句：小猫是动物，小猫喜欢吃鱼，小猫会喵喵喵地叫）；汽车（描述句：汽车是交通工具，汽车有轮子，汽车可以开，滴滴滴）；球（描述句：球是玩具，球是圆圆的，球可以滚，咕噜咕噜滚）；勺子（描述句：勺子是餐具，勺子长长的，勺子可以用来吃饭，啊呜啊呜）。描述句可根据儿童的听觉注意情况及语言理解能力进行调整。

2. 教师将四个物品摆成一排，并出示套圈。教师描述其中一个物品的特征，描述完后，用套圈把相应的物品套住。然后可以玩一玩这个物品，并重复描述句中的关键句子和词汇。例如，拿起小汽车一边开一边说："小汽车有轮子，小汽车可以开，滴滴滴。"

二、集体游戏：听一听，选一选

1. 教师将备选物品依次摆放好（每个备选物品的数量要多于儿童的数量），并给每对儿童和家长发四个套圈和一个小篮筐。

2. 教师说完整的描述句，请儿童和家长认真听描述句，猜猜教师所描述的物品，并一起用套圈去套该物品。选对物品的儿童可以将套到的物品放在自己的小篮筐里（物品被儿童拿走后，教师要及时补充相应数量的物品）。以上游戏重复3~4次。

三、小组游戏：我们一起玩

1. 教师分发备选物品，确保每个儿童都有四个备选物品。

2. 每两对儿童和家长组成一组，轮流进行套圈游戏。由一组儿童和家长说出描述句，另一组儿童和家长选择相应的物品并进行套圈。

家长指导：

1. 在活动中要听完完整的描述句后才能开始选择物品，培养儿童的聆听注意力。

2. 当完整的描述句表述结束后，家长要等待儿童做出反应，如儿童无法做出正确反应，家长可给予提示，并使用声学强调的方式强调关键词，从而让儿童根据关键词来选择物品。

3. 在游戏过程中，鼓励儿童表述关键词和拟声词。

4. 在小组游戏过程中，鼓励儿童与同伴互动，尝试理解规则；鼓励儿童与同伴交换物品和玩具。

二、亲子言语团体课程教学示范活动

亲子言语团体课程共选编了32个示范活动。示范活动按照呼吸、发声、构音运动和构音语音4个功能进行了编排，其中呼吸训练活动9个、发声训练活动5个、构音运动训练活动6个、构音语音训练活动12个。每个活动都按照初阶和高阶的难易度进行了区分（表3-4）。这样的编排方式是为了让教师更好地把握目标的侧重点。教师可以根据儿童的能力水平，从4个功能分类中分别选择适合的目标作为儿童的学习目标，依据循序渐进的原则帮助儿童逐步学习发音的技巧。课程详细内容见后文。

表3-4　亲子言语团体课程教学示范活动目录

编号	训练功能	目标	难度	活动名称
1	呼吸	激发呼吸肌群；提升呼吸系统整体功能	初阶	呼吸放松操
2		提高呼吸支持力量	初阶	小蝴蝶穿花衣
3			初阶	风车转转转
4		提升呼气控制能力	初阶	小青蛙回家了
5			初阶	射球门
6			初阶	大厦推倒了
7		提升言语时控制气流的能力；提高呼吸与发声的协调性	进阶	小小歌唱家（长音练习）
8			进阶	小小歌唱家（短音练习）
9		促进呼吸与发声的协调性	进阶	我爱我的小动物
10	发声	放松发声肌群	初阶	颈部放松操
11			初阶	骑着我的小摩托
12		提升响度控制能力	初阶	小小演奏家（响度练习）
13		提升音调控制能力	进阶	小小歌唱家（升调练习）
14			进阶	小小歌唱家（降调练习）
15	构音运动	提升下颌稳定性	初阶	好吃的串串
16		提升唇运动能力	初阶	嘴巴三明治
17			初阶	食物大吊车
18		增强舌运动能力	进阶	舌头舔一舔
19			进阶	舌头指头对对碰
20		增强下颌、唇及舌控制能力	进阶	小嘴巴动起来

续表

编号	训练功能	目标	难度	活动名称
21	构音语音	掌握单韵母发音方式	初阶	我是小医生
22			初阶	谁饿了
23			初阶	穿衣服
24			初阶	开火车
25		掌握声母发音方式	进阶	妈妈
26			进阶	买什么
27			进阶	拔萝卜
28			进阶	谁的鼻子
29			进阶	打电话
30			进阶	谁的洞
31			进阶	花儿
32			进阶	红红的

亲子言语团体活动一　呼吸放松操

活动目标：

1. 激发呼吸肌群进行有效运动。

2. 促进呼吸系统整体功能的提高。

活动准备：

视频《呼吸放松操》。

活动过程：

一、教师示范

1. 教师向家长讲解活动的目的（通过放松肩部的动作激发呼吸肌群，为后续发音做好准备）。

2. 教师示范并引导儿童做双肩交替运动。先将身体重心移向右脚，右手臂伸向右上方，好像触摸天花板，伴随一声长叹，右手臂恢复原位；然后重心移向左脚，左手臂动作同右手臂。左右交替重复10次。

3. 教师示范并引导儿童做单臂画圈运动。先右臂画圈，运动方向依次为前、上、后和下；然后左臂画圈，运动方向为前、上、后和下。左右交替重复5次。

4. 教师示范并引导儿童做双臂画圈运动。先双臂画圈，运动方向依次为前、上、后和下，重复5次；然后双臂反向画圈，运动方向依次为后、上、前和下，重复5次。

5. 教师示范并引导儿童做双肩耸立运动。耸立双肩，维持5~10秒，然后迅速放松，重复10次。

6. 教师示范并引导儿童做双臂晃动运动。双臂自然下垂，轻松晃动双臂。

二、亲子互动

教师播放视频《呼吸放松操》，家长带着儿童自由练习呼吸放松操。

三、大家一起做

教师播放视频《呼吸放松操》，引导大家一起做运动。

家长指导：

1. 做操时，肩部和颈部保持放松。

2. 注意保持自然呼吸，不要憋气。

3. 可以播放轻快的音乐，随着音乐做操，激发儿童的兴趣。

亲子言语团体活动二 小蝴蝶穿花衣

活动目标：

提高呼吸支持力量。

活动准备：

镜子、视频《小蝴蝶穿花衣》、小蝴蝶手偶、小蝴蝶简笔画、双面胶、彩色碎纸片。

活动过程：

一、教师示范

1. 教师向家长讲解活动的目的（通过用力呼气训练游戏，增加儿童的呼吸支持力量，以形成良好的呼吸控制能力）。

2. 教师播放视频《小蝴蝶穿花衣》，引起儿童的兴趣。

3. 教师出示小蝴蝶手偶，鼓励儿童和小蝴蝶打招呼，引导儿童观察蝴蝶美丽的翅膀。

4. 教师出示小蝴蝶简笔画（蝴蝶翅膀上贴上双面胶），示范双唇圆起，小腹用力，呼气，将碎纸片吹在蝴蝶的翅膀上，帮助蝴蝶穿上美丽的“花衣裳”。

二、亲子互动

1. 家长与儿童面对镜子练习双唇圆起、用力呼气的动作。

2. 家长与儿童一起，用力吹气，为小蝴蝶穿上漂亮的“花衣裳”。

三、小蝴蝶飞舞

教师播放视频《小蝴蝶穿花衣》，引导大家和穿上“花衣裳”的小蝴蝶一起飞舞。

家长指导：

1. 呼气时，注意提醒儿童要尽量将双唇圆起，若儿童无法完成圆唇动作，家长可以用手捏住儿童脸颊辅助其完成。

2. 若儿童呼气支持力量不足，家长可将手置于儿童的小腹处按压，提示儿童小腹用力，帮助儿童呼出更强的气流。

亲子言语团体活动三　风车转转转

活动目标：

提高呼吸支持力量。

活动准备：

镜子、风车玩具若干、视频《风车转转转》。

活动过程：

一、教师示范

1. 教师向家长讲解活动的目的（通过用力吹风车的游戏，增加儿童的呼吸支持力量，发展良好的言语呼吸控制能力）。

2. 教师播放视频《风车转转转》，引起儿童的兴趣，并引导儿童注意观察风车的叶片是如何转动的。

3. 教师出示风车玩具并示范将双唇圆起，用力呼气，将风车吹动，引导儿童观察老师的嘴巴和转动的叶片。

二、亲子互动

1. 家长与儿童面对镜子练习双唇圆起、用力呼气的动作。

2. 家长与儿童一起练习用力吹气，让小风车转起来。

三、吹风车比赛

所有儿童一起比赛吹风车，比一比看谁的风车转得最久。

家长指导：

1. 引导儿童呼气时，注意先让儿童模仿家长，尽量将双唇圆起。若儿童无法完成，家长可以用手捏住儿童的脸颊给予辅助。

2. 若儿童呼气支持力量不足，家长可将手置于儿童的小腹处按压，提示儿童小腹用力，帮助儿童呼出更强的气流。

亲子言语团体活动四　小青蛙回家了

活动目标：

1. 增强呼气控制能力。

2. 提高做圆唇动作的能力。

活动准备：

彩纸折的小青蛙若干、小房子若干、粗大吸管若干。

活动过程：

一、教师示范

1. 教师向家长讲解活动的目的（通过吹气游戏来增强儿童的呼气控制能力；通过使用吸管的方式，提升儿童做圆唇动作的能力）。

2. 教师出示小青蛙和小房子，示范用吸管把小青蛙吹进小房子，激发儿童的兴趣。

3. 教师出示吸管，引导儿童观察教师用嘴唇包住吸管，并维持5秒不动。

4. 教师出示小青蛙，引导儿童观察教师是如何用吸管吹小青蛙的。

5. 教师出示小房子，引导儿童观察教师用吸管将小青蛙吹进小房子。

二、亲子互动

教师将吸管、小青蛙和小房子给家长，家长和儿童一起分步练习吹小青蛙，请小青蛙回家。

三、比一比，赛一赛

家长协助儿童一起送小青蛙回家，比一比谁的小青蛙最先回到家。

家长指导：

1. 开始可以选择粗大的吸管，游戏前先调整吸管的长度，让儿童能够方便地吹到小青蛙。

2. 刚开始游戏时可以把小青蛙放在离小房子门口较近的位置，让儿童更容易成功，以激发其兴趣。

亲子言语团体活动五　射球门

活动目标：

1. 增强呼气控制能力。

2. 提高做圆唇动作的能力。

活动准备：

带有垫片的粗吸管、泡沫小球、球门。

活动过程：

一、教师示范

1. 教师向家长讲解活动的目的（通过吹气游戏，增强儿童的呼气控制能力；使用吸管，能有效提升儿童做圆唇动作的能力）。

2. 教师摆好泡沫小球和球门，用吸管把小球吹进球门，激发儿童的兴趣。

3. 教师出示吸管，引导儿童用嘴唇包住吸管维持 5 秒不动。

4. 教师出示泡沫小球，引导儿童用吸管吹小球。

5. 教师出示球门，引导儿童用吸管将小球吹入球门。

二、亲子互动

教师将泡沫小球和球门发给家长，家长和儿童一起练习射球门。

三、比一比，赛一赛

儿童一起射球门，看看谁最先把小球射进球门。

家长指导：

1. 建议使用儿童专用的带有垫片的粗大吸管。在开始游戏前先调整吸管的长度，以儿童放在嘴里能够方便地吹到小球为宜。

2. 刚开始游戏时可以把小球放在距离球门较近的位置，让儿童更容易成功，以激发其兴趣。

3. 可以根据儿童的吹气能力高低使用不同大小和材质的小球，球越重，摩擦力越大，吹的难度越高。

亲子言语团体活动六　大厦推倒了

活动目标：

1. 提升呼气控制能力。

2. 提高做圆唇动作的能力。

活动准备：

卷龙、积木。

活动过程：

一、教师示范

1. 教师向家长讲解活动的目的（通过吹卷龙训练用力吹气的能力，同时提高做圆唇动作的能力）。

2. 教师出示卷龙，用双唇包住卷龙后用力吹，卷龙变长并发出“呜呜”声，激发儿童的兴趣。

3. 教师出示卷龙，引导儿童用力吹卷龙。

4. 教师搭好“大厦”（积木纵向叠高），拿出卷龙并用力吹，卷龙变长击中“大厦”直至其倾倒。

二、亲子互动

教师将积木和卷龙发给家长，家长和儿童一起练习吹卷龙。

三、我把大厦推倒了

教师搭好“大厦”，邀请儿童来用卷龙将“大厦”推倒。

家长指导：

1. 如果儿童不能自己含住卷龙，家长可以用手扶住卷龙，帮助其固定。

2. 如果儿童含住卷龙后不知道用力吹气（有些儿童甚至会用力吸气），家长可以先拿掉卷龙，用嘴对着儿童的手背吹气，帮助他理解吹气的含义。

3. 初次玩游戏时可以选比较轻的积木，将“大厦”搭得高一些，这样容易推倒，有助于激发儿童的兴趣。

亲子言语团体活动七　小小歌唱家（长音练习）

活动目标：

1. 提升言语时控制气流的能力。

2. 提高呼吸与发声的协调性。

活动准备：

歌唱家唱歌的视频、音乐、彩色绳子、话筒。

活动过程：

一、教师示范

1. 教师向家长讲解活动的目的（通过长音练习，帮助儿童提升言语时控制气流的能力，增强呼吸与发声的协调性）。

2. 教师播放歌唱家唱歌的视频，引起儿童的兴趣。

3. 教师出示彩色绳子，将绳子揉成团放在手中，示范一边持续发/ɑ/音，一边慢慢展开彩色绳子，鼓励儿童进行模仿。

4. 教师将绳子揉成团放在手中，示范一边持续发/i/音，一边慢慢展开彩色绳子，鼓励儿童进行模仿。

5. 教师将绳子揉成团放在手中，示范一边持续发/u/音，一边慢慢展开彩色绳子，鼓励儿童进行模仿。

二、亲子互动

家长与儿童一起利用彩色绳子练习长音。

三、小小歌唱家

教师播放音乐，引导儿童拿着话筒，伴随音乐演唱。

家长指导：

1. 发声时，家长要注意提醒儿童采用腹式呼吸的方式，若儿童不理解，家长可将手放置于儿童的小腹处予以提示，并尽量保持响度和音调的稳定。

2. 家长可根据儿童的能力设置合适的练习目标，并逐步延长发声的时间。

亲子言语团体活动八　小小歌唱家（短音练习）

活动目标：

1. 提升言语时控制气流的能力。

2. 提高呼吸与发声的协调性。

活动准备：

歌唱家唱歌的视频、音乐、彩色绳子制成的曲谱（短音）、话筒。

活动过程：

一、教师示范

1. 教师向家长讲解活动的目的（通过短音练习，帮助儿童提升言语时控制气流的能力，增强呼吸与发声的协调性）。

2. 教师播放歌唱家唱歌的视频，引起儿童的兴趣。

3. 教师出示彩色绳子制成的曲谱（短音），示范一边用手触碰曲谱，一边一口气发四次/ɑ/的短音，鼓励儿童进行模仿。

4. 教师用手触碰曲谱，示范一口气发四次/i/的短音，鼓励儿童进行模仿。

5. 教师用手触碰曲谱，示范一口气发四次/u/的短音，鼓励儿童进行模仿。

二、亲子互动

家长与儿童一起利用曲谱练习短音。

三、小小歌唱家

教师播放音乐，引导儿童拿着话筒，伴随音乐演唱。

家长指导：

1. 发声时尽量保持响度和音调的稳定。

2. 家长可以记录下儿童一口气发短音的个数，然后在此基础上逐渐增加短音的个数。

亲子言语团体活动九　我爱我的小动物

活动目标：

提高呼吸与发声的协调性。

活动准备：

小动物（小羊、小猫、小鸡、小鸭子）手偶、小动物叫声的录音、视频《我爱我的小动物》。

活动过程：

一、教师示范

1. 教师向家长讲解活动的目的（通过拟声游戏，激发儿童发音的兴趣，提高呼吸与发声的协调性，为良好的言语呼吸做准备）。

2. 教师出示小羊手偶，引起儿童的兴趣。教师提问："我爱我的小羊，小羊怎样叫？"

3. 教师播放小羊叫声，引导儿童回答"咩咩咩，咩咩咩，咩咩咩咩咩"。

4. 小羊和儿童开心地抱抱。

5. 教师出示小猫手偶，再示范一遍玩法。

二、亲子互动

1. 家长拿出小鸡手偶，问："我爱我的小鸡，小鸡怎样叫？"

2. 家长播放小鸡叫声，引导儿童回答"叽叽叽，叽叽叽，叽叽叽叽叽"。

3. 小鸡和儿童开心地抱抱。

4. 家长拿出小鸭子手偶，再练习一遍。

三、我爱我的小动物

教师播放视频《我爱我的小动物》，引导大家一起合唱。

家长指导：

1. 发声时，注意保持气息和响度的稳定，持续时间尽可能地长。

2. 若儿童无法回答，家长可以进行示范，和儿童一起模仿小动物的叫声。

3. 可以引导儿童一边说一边做动作，增加趣味性。例如，说"咩咩咩"的时候将两个食指放在头顶，模仿羊角。

亲子言语团体活动十　颈部放松操

活动目标：

放松发声肌群，为获得自然嗓音做准备。

活动准备：

背景音乐、课件。

活动过程：

一、教师示范

1. 教师向家长讲解活动的目的（通过颈部放松操放松喉外肌群，为获得自然嗓音做准备）。

2. 教师示范向前运动，儿童和家长一起模仿。

动作要领：头部直立，颈部放松，头部随重力作用迅速向前低下，下颌触及胸部，感觉颈后部肌肉被拉直，然后将头部缓慢上抬，恢复直立位。重复此运动10次。

3. 教师示范向后运动，儿童和家长一起模仿。

动作要领：头部直立，颈部放松，头部随重力作用迅速向后倾，下颌上抬，感觉颈前部肌肉被拉直，然后将头部缓慢抬起，恢复直立位。重复此运动10次。

4. 教师示范向左运动，儿童和家长一起模仿。

动作要领：头部直立，颈部放松，头部随重力作用迅速倒向左侧，感觉颈右侧肌肉被拉直，然后头部缓慢抬起，恢复直立位。重复此运动10次。

5. 教师示范向右运动，儿童和家长一起模仿。

动作要领：头部直立，颈部放松，头部随重力作用迅速倒向右侧，感觉颈左侧肌肉被拉直，然后头部缓慢抬起，恢复直立位。重复此运动10次。

二、亲子互动

家长和儿童一起练习颈部放松操。

三、宝宝来做操

教师轮流邀请一名儿童给大家表演颈部放松操。

家长指导：

1. 颈部保持放松。

2. 保持自然呼吸，不要憋气。

3. 可以播放轻快的音乐，增强趣味性。

亲子言语团体活动十一　骑着我的小摩托

活动目标：

1. 放松发声肌群。

2. 增强发声肌群及构音肌群的协调运动能力。

活动准备：

开摩托车的视频、坡道软垫、软体脚行车。

活动过程：

一、教师示范

1. 教师向家长讲解活动的目的（通过双唇振动并带动声带持续发“嘟——”音，帮助儿童增强发声肌群及构音肌群的协调运动能力，为获得自然嗓音奠定基础）。

2. 教师播放开摩托车的视频，吸引儿童兴趣。引导儿童聆听摩托车行驶时发出的“嘟——”声。

3. 教师告知儿童今天要用嘴巴开摩托车，示范面对镜子深吸一口气，双唇紧闭，振动发出“嘟——”的声音，并引导儿童仔细观察嘴巴的动作，鼓励儿童一起模仿。

4. 教师背着玩偶开“摩托车”，示范一边双唇闭合发出上扬音调的“嘟——”声，一边爬上小山坡（坡道软垫）。

5. 教师背着玩偶开“摩托车”，示范一边双唇闭合发出下降音调的“嘟——”声，一边爬下小山坡（坡道软垫）。

二、亲子互动

1. 家长与儿童一起面对镜子练习双唇闭合振动持续发“嘟——”的声音。

2. 儿童坐在家长的背上，玩“开摩托车”的游戏。儿童一边双唇闭合发出上扬/下降音调的“嘟——”声，一边上坡/下坡。

三、比一比，赛一赛

教师和家长鼓励儿童坐在软体脚行车上，一边双唇闭合发出“嘟——”声，一边开车，比一比谁的“摩托车”开得更远。

家长指导：

1. 声带放松训练时，若儿童不能很好地完成双唇闭合的动作，家长可将手指放在儿童的上唇和下唇上，辅助儿童完成双唇闭合的动作。

2. 练习时，注意提示儿童不要过度用力，避免过度练习导致声带疲劳，影响声音的质量。

亲子言语团体活动十二 小小演奏家（响度练习）

活动目标：

提升响度控制能力。

活动准备：

视频《大鼓和小鼓》、鼓、铃铛。

活动过程：

一、教师示范

1. 教师向家长讲解活动的目的（通过聆听、模仿发声游戏，帮助儿童感知声音的响度大小，以形成正常的言语响度）。

2. 教师播放视频《大鼓和小鼓》，引起儿童的兴趣。

3. 教师出示鼓，示范用力敲击鼓发出大声的“咚咚咚”，引导儿童感知鼓声的响度，并示范大声说“咚咚咚”，鼓励儿童模仿发声。

4. 教师示范轻轻地敲击鼓，发出小声的“咚咚咚”，引导儿童感知鼓声的响度，并示范小声说“咚咚咚”，鼓励儿童模仿发声。

5. 教师出示铃铛，示范用力敲击铃铛发出大声的“叮叮叮”，引导儿童感知铃铛声的响度，并示范大声说“叮叮叮”，鼓励儿童模仿发声。

6. 教师示范轻轻地敲击铃铛，发出小声的“叮叮叮”，引导儿童感知铃铛声的响度，并示范小声说“叮叮叮”，鼓励儿童模仿发声。

二、亲子互动

1. 家长与儿童一起敲击鼓或铃铛，感知鼓声或铃铛声的响度大小。

2. 家长与儿童一起模仿发出不同响度的鼓声或铃铛声。

三、小小演奏家

教师播放视频《大鼓和小鼓》，引导儿童伴随音乐一边敲击鼓或铃铛，一边模仿发声。

家长指导：

1. 若儿童能很好地区分声音的响度大小，家长可尝试将响度做进一步的细致划分，帮助儿童更好地感受声音的响度变化。

2. 日常生活中，家长要注意提醒儿童在人多的场合避免通过大喊大叫来引起注意，学会控制声音的响度在适宜的范围。

亲子言语团体活动十三　小小歌唱家（升调练习）

活动目标：

1. 感知音调的变化。

2. 提升音调控制能力。

活动准备：

歌唱家唱歌的视频、彩色绳子做的曲谱、话筒。

活动过程：

一、教师示范

1. 教师向家长讲解活动的目的（通过聆听、模仿发声游戏，帮助儿童感知音调的变化，尝试提升音调）。

2. 教师播放歌唱家唱歌的视频，引起儿童的兴趣。

3. 教师出示彩色绳子做的曲谱，示范根据曲谱上的高低音符做出相应的动作和发音，如蹲下发低音/ɑ/，站起来发中音/ɑ/，向上伸展手臂发高音/ɑ/，引导儿童感知声调的变化，鼓励儿童模仿发声。

4. 教师示范蹲下发低音/i/，站起来发中音/i/，向上伸展手臂发高音/i/，引导儿童感知声调的变化，鼓励儿童模仿发声。

5. 教师示范蹲下发低音/u/，站起来发中音/u/，向上伸展手臂发高音/u/，引导儿童感知声调的变化，鼓励儿童模仿发声。

二、亲子互动

家长与儿童一起进行升调练习。

三、小小音乐家

教师播放音乐，引导儿童拿着话筒，伴随音乐演唱。

家长指导：

1. 若儿童能很好地区分音调的变化，家长可尝试将音调做进一步的细致划分，提升儿童对音调的敏感性。

2. 日常生活中，家长可以使用“好吗?”“是吗?”“不行?”等询问语进行升调训练。

亲子言语团体活动十四 小小歌唱家（降调练习）

活动目标：

1. 感知音调的变化。

2. 提升音调控制能力。

活动准备：

歌唱家唱歌的视频、彩色绳子做的曲谱、话筒。

活动过程：

一、教师示范

1. 教师向家长讲解活动的目的（通过聆听、模仿发声游戏，帮助儿童感知音调的变化，尝试降低音调）。

2. 教师播放歌唱家唱歌的视频，引起儿童的兴趣。

3. 教师出示彩色绳子做的曲谱，示范根据曲谱上的高低音符做出相应的动作和发音，如向上伸展手臂发高音/ɑ/，放下手臂发中音/ɑ/，蹲下去发低音/ɑ/，引导儿童感知声调的变化，鼓励儿童模仿发声。

4. 教师示范向上伸展手臂发高音/i/，放下手臂发中音/i/，蹲下去发低音/i/，引导儿童感知声调的变化，鼓励儿童模仿发声。

5. 教师示范向上伸展手臂发高音/u/，放下手臂发中音/u/，蹲下去发低音/u/，引导儿童感知声调的变化，鼓励儿童模仿发声。

二、亲子互动

家长与儿童一起进行降调练习。

三、小小音乐家

教师播放音乐，引导儿童拿着话筒，伴随音乐演唱。

家长指导：

1. 若儿童能很好地区分音调的变化，家长可尝试将音调做进一步的细致划分，提升儿童对音调的敏感性。

2. 日常生活中，家长可以使用“去吧”“行了”“不行”等回答的语气进行降调训练。

亲子言语团体活动十五　好吃的串串

活动目标：

1. 增强下颌的稳定性和力度。
2. 增强舌左右运动的能力。
3. 增强咀嚼的力度和协调能力。

活动准备：

牛肉粒、猪肉粒、鸡肉粒、竹签。

活动过程：

一、教师示范

1. 教师向家长讲解活动的目的（通过用门牙将竹签上的食物取下并咀嚼，帮助儿童增强下颌的稳定性和力度，增强舌左右运动的能力，增强咀嚼的力度和协调能力）。

2. 教师用竹签将牛肉粒、猪肉粒和鸡肉粒串起来，激发儿童的兴趣。

3. 教师示范将食物串横放在上下门牙中间并咬住，用手慢慢将竹签从食物中拉出，引导儿童观察。

4. 教师示范用舌头把取下的食物运送到两侧牙齿咀嚼，引导儿童观察。

二、亲子互动

1. 家长与儿童一起做串串。

2. 家长与儿童一起玩“好吃的串串”的游戏。

三、大家一起吃串串

教师和家长鼓励儿童挑选自己喜欢的串串，一起体验咀嚼的乐趣。

家长指导：

1. 家长可以根据儿童的喜好，选择不同的食材做成串串。例如，对于喜欢水果的儿童，可以用哈密瓜、苹果、香蕉制作串串。

2. 家长可以根据儿童的咀嚼能力，将食物切成不同的大小。

3. 将竹签拉出的过程中，儿童的头部要保持不动。

4. 鼓励儿童轮流将食物放在口腔左右两侧，让两侧的咬肌都得到充分的练习。

5. 注意安全，防止儿童被竹签刺伤。

亲子言语团体活动十六　嘴巴三明治

活动目标：

1. 增强下颌的稳定性。

2. 增强口唇肌肉的肌力，提高双唇闭合能力。

活动准备：

三明治图片及模型、镜子、海苔、苏打饼干、棉花糖。

活动过程：

一、教师示范

1. 教师向家长讲解活动的目的（通过用双唇夹住不同厚度的食物，帮助儿童增强下颌的稳定性，增强口唇肌肉的肌力，提高双唇的闭合能力）。

2. 教师出示三明治的图片及模型，吸引儿童兴趣。引导儿童观察三明治上下两层面包夹住中间食物的样子。

3. 教师告知儿童今天要用嘴巴当“面包”，并出示镜子，提示儿童观察嘴唇的位置，并示范双唇闭合的动作。

4. 教师出示海苔/苏打饼干，示范用双唇夹住海苔/苏打饼干，做成“嘴巴三明治”。

二、亲子互动

1. 家长与儿童一起拿着镜子练习双唇闭合的动作。

2. 家长与儿童一起玩“嘴巴三明治”的游戏，用双唇夹住棉花糖进行练习。

三、比一比，赛一赛

教师和家长鼓励儿童将一个盘子中的食物用嘴巴夹住，运送到另一个盘子中，比一比谁运送的食物又快又多。

家长指导：

1. 在活动中，家长要注意观察，提示儿童不要用牙齿咬住食物。

2. 若儿童不能很好地完成双唇闭合的动作，家长可将手指放在儿童的上唇和下唇上，辅助儿童完成双唇闭合的动作。

3. 家长可根据儿童口唇肌肉的肌力及双唇闭合能力，逐渐延长双唇夹住食物的时间或逐渐增加食物的数量，以增加难度。

亲子言语团体活动十七　食物大吊车

活动目标：

1. 加强做圆唇动作的能力。

2. 增强下颚的稳定性。

活动准备：

吸管若干（可以打弯）、薯条圈圈若干、盘子若干。

活动过程：

一、教师示范

1. 教师向家长讲解活动的目的（通过用双唇含住吸管运送薯条圈圈的活动，帮助儿童增强下颌的稳定性，加强儿童嘴唇的力度和做圆唇动作的能力。）

2. 教师出示吸管和薯条圈圈，吸引儿童兴趣。引导儿童观察教师如何利用吸管把薯条圈圈吊起来，从一个盘子运到另一个盘子里。

3. 教师告知儿童今天要用嘴巴当“大吊车”，并出示镜子，提示儿童观察嘴唇的位置，示范用双唇夹住吸管。

4. 教师出示薯条圈圈，示范用吸管吊起，如同“大吊车”将薯条圈圈从一个盘子运到另一个盘子里。

二、亲子互动

1. 家长与儿童一起拿着镜子练习用双唇含住吸管的动作。

2. 家长与儿童一起玩“食物大吊车”的游戏，用双唇含住吸管进行练习。

三、比一比，赛一赛

教师和家长鼓励儿童用双唇含住吸管运送薯条圈圈，将薯条圈圈从一个盘子运送到另一个盘子中，比一比谁运送的薯条圈圈又快又多。

家长指导：

1. 在活动中，家长要注意观察，提示儿童不要用手去扶吸管。

2. 在活动的过程中，可以增加薯条圈圈和盘子之间的距离来提升难度。

3. 可用更重的食物来替代薯条圈圈，如芝士圈，因为更重的食物需要更大的口唇肌力，难度也会增加。

亲子言语团体活动十八 舌头舔一舔

活动目标：

1. 增强舌头的运动能力。

2. 提升下颌的稳定性。

活动准备：

果酱、酸奶、花生酱、镜子、勺子。

活动过程：

一、教师示范

1. 教师向家长讲解活动的目的（通过用舌头舔掉嘴唇上的果酱，帮助儿童增强舌头的灵活性，提升下颌的稳定性）。

2. 教师出示果酱，请儿童品尝果酱，激发他们的兴趣。

3. 教师告知儿童一会儿要把果酱涂在嘴唇上，然后用舌头把果酱舔干净，提示儿童观察舌头的动作。

4. 教师将果酱涂在嘴唇上，示范用舌头舔干净嘴唇。

二、亲子互动

1. 儿童挑选自己喜欢的果酱、酸奶或花生酱。

2. 家长将果酱、酸奶或花生酱涂在自己和儿童的嘴唇上。

3. 家长与儿童对着镜子，一起玩“舌头舔一舔”的游戏，用舌头将嘴唇舔干净。

三、比一比，赛一赛

教师和家长鼓励儿童用舌头将嘴唇舔干净，比一比谁舔得又快又好。

家长指导：

1. 在活动中，家长要注意观察，提示儿童不要用牙齿去刮擦嘴唇。

2. 若儿童不能很好地完成舌头舔嘴唇的动作，家长可将果酱仅涂在上嘴唇或者下嘴唇，降低任务难度。

3. 游戏过程中注意提醒儿童注意保持下颌的稳定性，家长可用手帮助儿童固定住下颌。

亲子言语团体活动十九　舌头指头对对碰

活动目标：

1. 增强舌肌肌力。

2. 提高舌向左、右两个方向的运动能力。

活动准备：

镜子、贴纸若干、动物（小鸟）指套若干。

活动过程：

一、教师示范

1. 教师向家长讲解活动的目的（通过用舌头顶脸颊左、右两侧，帮助儿童增强舌肌肌力，提高舌向左、右方向的运动能力）。

2. 教师出示镜子，示范面对镜子用舌头顶脸颊，引导儿童观察脸颊被舌头顶起的突起部位，并鼓励儿童进行模仿。

3. 教师出示小鸟指套和儿童打招呼，吸引他们的兴趣。

4. 教师示范将小鸟指套依次停留在脸颊左、右两侧，并移动舌头，用舌头顶住脸颊左、右侧找到小鸟的位置。

二、亲子互动

1. 家长与儿童一起拿着镜子练习舌尖顶脸颊的动作。

2. 家长与儿童一起玩“舌头指头对对碰”的游戏，用舌头顶脸颊左、右两侧，找一找小鸟在哪里。

三、贴一贴，找一找

家长在儿童的脸颊左、右两侧贴上贴纸，鼓励儿童用舌头顶脸颊，找一找贴纸的位置。

家长指导：

1. 在活动中，若儿童能较好地控制舌头移向不同的位置，家长可要求儿童将舌头停留在该位置3秒，并根据儿童的能力，逐渐延长停留的时间。

2. 若儿童不能自行控制舌头移向指定的方向，家长可尝试用压舌板拨动儿童的舌头向目标方向运动，辅助儿童完成动作练习。

亲子言语团体活动二十 小嘴巴动起来

活动目标：

1. 增强下颌运动能力。

2. 增强做圆唇和展唇动作的能力。

3. 增强舌运动能力。

活动准备：

视频《小嘴巴动起来》、镜子、娃娃、话筒。

活动过程：

一、教师示范

1. 教师向家长讲解活动的目的（通过模仿老虎、微笑、亲吻等动作增强下颌、唇及舌的运动能力）。

2. 教师播放视频，模仿大老虎的动作，引导儿童“张大嘴巴咬一咬”。

3. 教师拿出镜子，做微笑的动作，引导儿童“露出牙齿笑一笑”。

4. 教师拿出娃娃，做亲吻的动作，引导儿童“撅起嘴巴亲一亲”。

5. 教师伸出舌头，向上、向下、向左、向右运动，引导儿童“伸出舌头舔一舔”。

6. 教师拿起话筒，说“啊——”引导儿童“拿起话筒说一说”。

二、亲子互动

家长带着儿童练习张嘴、微笑、亲吻、舔嘴和发音。

三、小嘴巴动起来

教师轮流请一名儿童到前面来，带领大家一起做“小嘴巴动起来”的游戏。

家长指导：

1. 模仿老虎时，嘴巴尽量张大，让下颌充分打开，进行大幅度的上下运动。

2. 做微笑动作时嘴角用力向两侧拉伸，让双唇完全展开，然后维持住这个动作。

3. 在练习向上伸舌的动作时，注意引导儿童让舌头独立上抬。一开始，舌头上抬的幅度可以小一点。

亲子言语团体活动二十一　我是小医生

活动目标：

1. 了解韵母/ɑ/的发音方法。

2. 练习目标词“啊”。

活动准备：

视频《张大嘴巴啊啊啊》、镜子、牙医工具套装。

活动过程：

一、教师示范

1. 教师向家长讲解活动的目的（了解韵母/ɑ/的发音方法，练习目标词“啊”）。

2. 教师播放视频《张大嘴巴啊啊啊》，吸引儿童兴趣，引导他们感知目标词“啊”。

3. 教师出示镜子，讲解/ɑ/的发音要点（发音时，嘴巴张开，舌头放平，声带振动），鼓励儿童一起模仿。

4. 教师扮演牙医，儿童扮演小病人。“医生”拿着小镜子走到儿童面前，儿童张大嘴巴说“啊”，让医生检查。

二、亲子互动

1. 家长与儿童一起拿着镜子练习韵母/ɑ/的发音。

2. 家长与儿童一起玩“我是小医生”的游戏，反复练习目标词“啊”

3. 家长和儿童轮流扮演医生和病人，教师观察并做个别指导。

三、宝宝秀

教师播放视频《张大嘴巴啊啊啊》，和儿童一起唱一唱，巩固/ɑ/的发音。

家长指导：

韵母/ɑ/发音时，口自然张开，舌放松，位于口腔最低处。若儿童不能很好地控制下颌的稳定性，家长可让儿童咬住一个大咀嚼器（咀嚼器竖向），使嘴巴张到最大，维持10秒，保持下颌稳定。

亲子言语团体活动二十二　谁饿了

活动目标：

1. 了解韵母/e/的发音方法。

2. 练习目标词“饿”。

活动准备：

儿歌《谁饿了》、镜子、动物（小狗、小猫、小羊、小鸡）叫声音频、动物喂食玩具。

活动过程：

一、教师示范

1. 教师向家长讲解活动的目的（巩固下颌小半开位的构音运动，了解韵母/e/的发音方法，学习目标词“饿”）。

2. 教师播放儿歌《谁饿了》，吸引儿童兴趣，引导他们感知目标词“饿”。

3. 教师出示镜子，讲解/e/的发音要点（下颌打开至小半开位，将舌头置于口腔中间），鼓励儿童一起模仿。

4. 教师播放小狗的叫声，出示小狗，告知儿童小狗叫了，因为它的肚子“饿”了，并示范用喂食玩具给小狗喂食，鼓励儿童模仿“饿”的发音。

5. 教师播放小猫的叫声，出示小猫，告知儿童小猫叫了，因为它的肚子“饿”了，并示范用喂食玩具给小猫喂食，鼓励儿童模仿“饿”的发音。

二、亲子互动

1. 家长与儿童一起拿着镜子练习韵母/e/的发音。

2. 家长与儿童一起玩“动物喂食”的游戏，练习目标词“饿”的发音。

三、宝宝唱儿歌

教师播放儿歌《谁饿了》，和儿童一起唱一唱，巩固目标词“饿”的发音。

家长指导：

1. 韵母/e/是一个舌面、后、高、不圆唇元音。发音时，要求保持下颌呈小半开位打开，嘴角向两边微展，舌后缩，舌面后部略隆起，舌尖位于下齿龈后，声带振动。

2. 若儿童不能很好地完成下颌小半开位的动作，家长可让儿童咬住一个小咀嚼器（咀嚼器横向），使下颌处于小半开位，然后发元音/e/。

亲子言语团体活动二十三　穿衣服

活动目标：

1. 了解韵母/i/的发音方法。

2. 练习目标词“衣”。

活动准备：

玩具娃娃、小话筒、人偶（爸爸、妈妈、爷爷、奶奶、宝宝）、镜子。

活动过程：

一、教师示范

1. 教师向家长讲解活动的目的（了解韵母/i/的发音方法，学习目标词“衣”）。

2. 教师出示玩具娃娃，指一指娃娃身上的衣服，吸引儿童兴趣，引导他们感知目标词“衣”，并让他们摸一摸，尝试模仿说“衣”。

3. 教师出示镜子，讲解/i/的发音要点（口微开，嘴角展开，两唇呈扁平形，上下齿相对，舌前伸靠在下牙齿），鼓励儿童一起模仿。

4. 教师出示小话筒，分别递给家长和儿童，让儿童感知并尝试发音。

二、亲子互动

1. 家长与儿童一起拿着镜子练习韵母/i/的发音。

2. 教师出示没有穿好衣服的人偶，家长与儿童一起玩“给人偶穿衣服”的游戏，给“妈妈”“爸爸”……穿衣服，练习目标词“衣”的发音。

三、宝宝秀

儿童逐一展示自己的玩偶，尝试说一说目标词“衣”。

家长指导：

1. 韵母/i/是一个舌面、前、高、不圆唇元音。发音时，口微开，嘴角展开，两唇呈扁平形，上下齿相对，舌前伸，舌面前部隆起，舌尖触下齿背，声带振动。

2. 若儿童不能很好地完成口微开、嘴角展开的动作，家长可让儿童练习笑一笑，或做刷牙动作，使口微开，嘴角展开，然后发元音/i/。

亲子言语团体活动二十四 开火车

活动目标：

1. 了解韵母/u/的发音方法。

2. 练习目标词“呜”。

活动准备：

视频《火车》、镜子、火车模型、动物模型若干、小话筒。

活动过程：

一、教师示范

1. 教师向家长讲解活动的目的（了解韵母/u/的发音方法，学习目标词“呜”）。

2. 教师播放视频《火车》，吸引儿童兴趣，引导他们感知目标词“呜”。

3. 教师出示镜子，讲解/u/的发音要点（发音时，口微开，两唇收缩呈圆形），鼓励儿童一起模仿。

4. 教师出示小话筒，分别递给家长和儿童，让儿童感知并尝试发音。

二、亲子互动

1. 家长与儿童一起拿着镜子练习韵母/u/的发音。

2. 家长与儿童一起玩“开火车”的游戏。家长和儿童轮流扮演火车司机，邀请不同的小动物们上车。在游戏过程中反复练习目标词“呜”，教师观察并做个别指导。

三、宝宝秀

教师扮演火车头，儿童和教师一起开火车，一边开一边发出“呜呜呜”的声音。

家长指导：

1. 韵母/u/发音时，口微开，两唇收缩呈圆形，舌向后运动，舌面后部高度隆起，舌尖位于下齿龈后，远离下牙齿背，声带振动。

2. 若儿童不能很好地完成圆唇的动作，家长可让儿童试着含住吸管练习发/u/音。随着儿童做圆唇动作的能力提升，可逐渐撤掉吸管。

亲子言语团体活动二十五　妈妈

活动目标：

1. 了解声母/m/的发音位置和发音方法。

2. 练习目标词“妈妈”。

活动准备：

妈妈拼贴画、“妈妈”词卡、课件、故事书《妈妈》。

活动过程：

一、教师示范

1. 教师向家长讲解活动的目的（学习目标词“妈妈”，巩固声母/m/的发音位置和发音方法）。

2. 教师出示妈妈拼贴画，激发儿童兴趣。拼贴过程中进行目标词输入，如“这是我的妈妈。妈妈的头发卷卷的。妈妈的眼睛圆圆的……”

3. 教师出示“妈妈”词卡，讲解发音要点（声母：嘴巴先闭上，小鼻子哼一哼，发出小蜜蜂一样的声音/m/；韵母：张大嘴巴，舌头放平发/ɑ/；再将两者结合完成目标词“妈”的发音），鼓励儿童一起模仿。

4. 教师播放课件（妈妈爱做饭；妈妈洗衣服；妈妈拖地板；妈妈抱宝宝；我爱妈妈），引导儿童仔细聆听，感知目标词的发音。

二、亲子共读

1. 教师分发故事书，讲解阅读要求。

2. 家长与儿童一起读故事书，练习目标词“妈妈”。

三、宝宝讲故事

教师邀请一名儿童和家长一起给大家讲《妈妈》的故事。

家长指导：

1. 发声母/m/时，需要双唇闭合。可以借助小镜子，让儿童观察自己嘴巴的动作。

2. 如果儿童没有注意到双唇闭合的动作，家长可以用食指和拇指轻捏一下儿童的嘴唇，给予一定的刺激和提示。

亲子言语团体活动二十六　买什么

活动目标：

1. 了解声母/m/的发音位置和发音方法。

2. 练习目标词“买”。

活动准备：

收银机、仿真币、水果、“买”的词卡、课件、故事书《买什么》。

活动过程：

一、教师示范

1. 教师向家长讲解活动的目的（学习目标词“买”，巩固声母/m/的发音位置和发音方法）。

2. 教师出示收银机，并操作收银开关，激发儿童兴趣。操作过程中进行语言输入，如“这是收银机，宝宝和妈妈来买东西，老师用它收钱。”教师出示仿真币，并输入目标语句，如“这是钱，我们用来买东西，买买买。”

3. 教师出示“买”的词卡，讲解发音要点（声母：嘴巴先闭上，小鼻子哼一哼，发出小蜜蜂一样的声音/m/；韵母：嘴巴由大变小，舌头由低到高发/ai/；再将两者结合完成目标词“买”的发音），鼓励儿童一起模仿。

4. 教师出示水果，和儿童一起玩买水果的游戏，家长引导儿童说出目标词。

5. 教师播放课件，引导儿童仔细聆听，感知目标词的发音。

二、亲子共读

1. 教师分发故事书，讲解阅读要求。

2. 家长与儿童一起读故事书，练习目标词“买”。

三、宝宝讲故事

教师邀请一名儿童和家长一起给大家讲《买什么》的故事。

家长指导：

1. /m/是一个鼻音，发音时鼻腔哼鸣。家长可以让儿童用手指轻触鼻翼感觉震动。

2. 家长可以和儿童一起模仿小蜜蜂的声音来练习鼻腔哼鸣。

亲子言语团体活动二十七 拔萝卜

活动目标：

1. 了解声母/b/的发音位置和发音方法。

2. 练习目标词“拔”。

活动准备：

拔萝卜套装玩具、角色小玩偶、“拔”的词卡、课件、故事书《拔萝卜》。

活动过程：

一、教师示范

1. 教师向家长讲解活动的目的（学习目标词“拔”，巩固声母/b/的发音位置和发音方法）。

2. 教师出示拔萝卜玩具，激发儿童兴趣。在演示角色小玩偶拔萝卜过程中进行目标词输入，如“老爷爷拔萝卜，嘿哟嘿哟拔萝卜……”

3. 教师出示“拔”的词卡，讲解发音要点（声母：嘴巴先闭上，双唇用力打开发出本音/b/；韵母：张大嘴巴，舌头放平发/ɑ/；再将两者结合完成目标词“拔”的发音），鼓励儿童一起模仿。

4. 教师播放课件，引导儿童仔细聆听，感知目标词的发音。

二、亲子共读

1. 教师分发故事书，讲解阅读要求。

2. 家长与儿童一起读故事书，练习目标词“拔”。

三、宝宝讲故事

教师邀请一名儿童和家长一起给大家讲《拔萝卜》的故事。

家长指导：

发声母/b/时，先让儿童做到双唇闭合。若儿童不能很好地将双唇闭合，家长可将手指放在儿童的上唇和下唇上，辅助儿童完成。

亲子言语团体活动二十八　谁的鼻子

活动目标：

1. 了解声母/b/的发音位置和发音方法。

2. 练习目标词“鼻子”。

活动准备：

鼻子拼贴画、“鼻子”的词卡、课件、故事书《谁的鼻子》。

活动过程：

一、教师示范

1. 教师向家长讲解活动的目的（学习目标词“鼻子”，巩固声母/b/的发音位置和发音方法）。

2. 教师出示鼻子拼贴画，激发儿童兴趣。拼贴过程中进行目标词输入，如“这是大象的鼻子，大象的鼻子长长的；这是小猪的鼻子，小猪的鼻子圆圆的；这是宝宝的鼻子，宝宝的鼻子小小的……”

3. 教师出示“鼻子”的词卡，讲解发音要点（声母：嘴巴先闭上，双唇用力打开发出本音/b/；韵母：嘴巴微张，嘴角向两侧拉升，露出牙齿，舌头向前发/i/；再将两者结合完成目标词“鼻”的发音），鼓励儿童一起模仿。

4. 教师播放课件，引导儿童仔细聆听，感知目标词的发音。

二、亲子共读

1. 教师分发故事书，讲解阅读要求。

2. 家长与儿童一起读故事书，练习目标词“鼻子”。

三、宝宝讲故事

教师邀请一名儿童和家长一起给大家讲《谁的鼻子》的故事。

家长指导：

家长可让儿童用双唇夹住不同厚度的饼干，增强口唇肌肉的肌力，练习双唇闭合。

亲子言语团体活动二十九　打电话

活动目标：

1. 了解声母/d/的发音位置和发音方法。

2. 练习目标词“打”。

活动准备：

人偶、“打”的词卡、课件、玩具电话、故事书《打电话》。

活动过程：

一、教师示范

1. 教师向家长讲解活动的目的（学习目标词“打”，巩固声母/d/的发音位置和发音方法）。

2. 教师出示电话，示范打电话，激发儿童兴趣。示范过程中进行语言输入，如“这是电话，我们可以用它来打电话。喂喂喂，宝宝在哪呀？”

3. 教师出示“打”的词卡，讲解发音要点（声母：嘴巴微微张开，舌尖抵住上齿龈，憋住气后突然放开，气流从口腔迸出，发/d/的本音；韵母：嘴巴张大，舌头放平发/ɑ/；再将两者结合完成目标词“打”的发音），鼓励儿童一起模仿。

4. 教师一一出示人偶，并输入目标词汇，如“妈妈/爸爸/宝宝/阿姨打电话”，然后和儿童一起玩打电话的游戏，家长引导儿童说出目标词。

5. 教师播放课件，引导儿童仔细聆听，感知目标词的发音。

二、亲子共读

1. 教师分发故事书，讲解阅读要求。

2. 家长与儿童一起读故事书，练习目标词“打”。

三、宝宝讲故事

教师邀请一名儿童和家长一起给大家讲《打电话》的故事。

家长指导：

发声母/d/时，重点是舌尖顶住上齿龈，憋住气后突然放开。如果儿童的舌头找不到位置，家长可以将果酱涂在儿童的上齿龈，帮助儿童更好地找到发音的位置。

亲子言语团体活动三十 谁的洞

活动目标：

1. 了解声母/d/的发音位置和发音方法。

2. 练习目标词“洞”。

活动准备：

动物模型（蛇、兔子、刺猬）、“洞”的词卡、课件、故事书《谁的洞》、洞洞玩具。

活动过程：

一、教师示范

1. 教师向家长讲解活动的目的（学习目标词“洞”，巩固声母/d/的发音位置和发音方法）。

2. 教师出示洞洞玩具，并伸出食指去抠洞洞，激发儿童兴趣。操作过程中进行语言输入，如“这是一个洞，洞，洞，我们来抠一抠洞洞。”

3. 教师出示“洞”的词卡，讲解发音要点（声母：嘴巴微微张开，舌尖抵住上齿龈，憋住气后突然放开，气流从口腔迸出，发/d/的本音；韵母：嘴巴撅起，舌头向后拱起，气流从后部挤入鼻腔发/ong/；再将两者结合完成目标词“洞”的发音），鼓励儿童一起模仿。

4. 教师一一出示动物模型，并输入目标词汇，如“蛇/兔子/刺猬钻洞洞”，然后和儿童一起玩“动物钻洞洞”的游戏，家长引导儿童说出目标词。

5. 教师播放课件，引导儿童仔细聆听，感知目标词的发音。

二、亲子共读

1. 教师分发故事书，讲解阅读要求。

2. 家长与儿童一起读故事书，练习目标词“洞”。

三、宝宝讲故事

教师邀请一名儿童和家长一起给大家讲《谁的洞》的故事。

家长指导：

家长可以和儿童模仿“弹舌头”的游戏，练习舌尖抬起又迅速弹开的感觉。

亲子言语团体活动三十一　花儿

活动目标：

1. 了解声母/h/的发音位置和发音方法。

2. 练习目标词“花”。

活动准备：

花儿的模型、“花”的词卡、课件、故事书《花儿》、花瓶。

活动过程：

一、教师示范

1. 教师向家长讲解活动的目的（学习目标词“花”，巩固声母/h/的发音位置和发音方法）。

2. 教师出示花瓶，示范往花瓶里插一枝花，引起儿童兴趣。示范过程中进行语言输入，如“这是花瓶，这是花，我们把花插在花瓶里。”

3. 教师出示“花”的词卡，讲解发音要点（声母：嘴巴微微张开，舌后部隆起，气流从口腔迸出，发/h/的本音；韵母：嘴巴撅起，由小变大，舌头由高到低发/uɑ/；再将两者结合完成目标词“花”的发音），鼓励儿童一起模仿。

4. 教师一一出示各色花，并输入目标词汇，如“红红的/黄黄的/蓝蓝的/白白的花”，然后和儿童一起玩插花的游戏，家长引导儿童说出目标词。

5. 教师播放课件，引导儿童仔细聆听，感知目标词的发音。

二、亲子共读

1. 教师分发故事书，讲解阅读要求。

2. 家长与儿童一起读故事书，练习目标词“花”。

三、宝宝讲故事

教师邀请一名儿童和家长一起给大家讲《花儿》的故事。

家长指导：

发声母/h/时，引导儿童舌靠后，靠近软腭形成一条缝，发音时舌基本不动，有一股较强的气流冲出。

亲子言语团体活动三十二 红红的

活动目标：

1. 了解声母/h/的发音位置和发音方法。

2. 练习目标词“红”。

活动准备：

红色的水果、“红”的词卡、课件、故事书《红红的》、果盘。

活动过程：

一、教师示范

1. 教师向家长讲解活动的目的（学习目标词“红”，巩固声母/h/的发音位置和发音方法）。

2. 教师出示果盘，并往果盘里放红色的水果，激发儿童兴趣。操作过程中进行语言输入，如“这是果盘，这是红红的草莓，我们把红红的草莓放在果盘里。”

3. 教师出示“红”的词卡，讲解发音要点（声母：嘴巴微微张开，舌后部隆起，气流从口腔迸出，发/h/的本音；韵母：嘴巴撅起，舌头向后拱起，气流从后部挤入鼻腔发/ong/；再将两者结合完成目标词“红”的发音），鼓励儿童一起模仿。

4. 教师一一出示红色的各种水果，并输入目标词汇，如“红红的苹果/西瓜/葡萄/樱桃/草莓”，然后和儿童一起玩“摆果盘”的游戏，家长引导儿童说出目标词。

5. 教师播放课件，引导儿童仔细聆听，感知目标词的发音。

二、亲子共读

1. 教师分发故事书，讲解阅读要求。

2. 家长与儿童一起读故事书，练习目标词“红”。

三、宝宝讲故事

教师邀请一名儿童和家长一起给大家讲《红红的》的故事。

家长指导：

1. 在儿童抬舌根的同时，可以把一面小镜子放在儿童口前，儿童往外哈气，观察镜面所起的雾。

2. 家长可以和儿童玩“模仿打哈欠”的游戏。

参考文献

[1] 孙喜斌，于丽玫，曲成毅，等. 中国听力残疾构成特点及康复对策［J］. 中国听力语言康复科学杂志，2008（2）：21-24.

[2] YUN C F, WANG Z J, GAO J M, et al. Prevalence and social risk factors for hearing impairment in Chinese children-a national survey［J］. Int J Environ Res Public Health, 2017, 14（1）：88.

[3] 中国残疾人联合会. 2022年残疾人事业发展统计公报［EB/OL］.（2023-04-06）［2024-02-29］. https://www. cdpf. org. cn/zwgk/zccx/tjgb/4d0dbde4ece7414f95e5dfa4873f3cb9. htm.

[4] World Health Organization. Childhood hearing loss: strategies for prevention and care［EB/OL］.（2019-10-17）［2024-02-29］. https://www. who. int/publications/i/item/childhood-hearing-loss-strategies-for-prevention-and-care.

[5] PERCY-SMITH L, WISCHMANN S, JOSVASSEN J L, et al. Language development for the new generation of children with hearing impairment［J］. J Clin Med, 2021, 10（11）：2350.

[6] BINOS P, NIRGIANAKI E, PSILLAS G. How effective is auditory-verbal therapy（AVT）for building language development of children with cochlear implants? A systematic review［J］. Life（Basel）, 2021, 11（3）：239.

[7] PEIXOTO M C, SPRATLEY J, OLIVEIRA G, et al. Effectiveness of cochlear implants in children: long term results［J］. Int J Pediatr Otorhinolaryngol, 2013, 77（4）：462-468.

[8] YOSHINAGA-ITANO C, SEDEY A L, WIGGIN M, et al. Early hearing detection and vocabulary of children with hearing loss［J］. Pediatrics, 2017, 140（2）：e20162964.

[9] American Academy of Pediatrics, Joint Committee on Infant Hearing. Year

2007 position statement: principles and guidelines for early hearing detection and intervention programs [J]. Pediatrics, 2007, 120 (4): 898-921.

[10] YOSHINAGA-ITANO C. Principles and guidelines for early intervention after confirmation that a child is deaf or hard of hearing [J]. J Deaf Stud Deaf Educ, 2014, 19 (2): 143-175.

[11] MOELLER M P. Early intervention and language development in children who are deaf and hard of hearing [J]. Pediatrics, 2000, 106 (3): E43.

[12] CHING T Y C, DILLON H, LEIGH G, et al. Learning from the Longitudinal Outcomes of Children with Hearing Impairment (LOCHI) study: summary of 5-year findings and implications [J]. Int J Audiol, 2018, 57 (sup2): S105-S111.

[13] 中华预防医学会儿童保健分会. 儿童听力保健专科建设专家共识 [J]. 中国妇幼健康研究，2023，34 (12)：1-6.

[14] 唐梦园，黄丽辉，文铖，等. 国内外新生儿听力筛查指南的质量评估及分析 [J]. 听力学及言语疾病杂志，2023，31 (1)：56-62.

[15] URIE B. Is early intervention effective? [J]. Teachers College Record: The Voice of Scholarship in Education, 1974, 76 (2): 1-19.

[16] MOELLER M P, CARR G, SEAVER L, et al. Best practices in family-centered early intervention for children who are deaf or hard of hearing: an international consensus statement [J]. J Deaf Stud Deaf Educ, 2013, 18 (4): 429-445.

[17] HOLZINGER D, HOFER J, DALL M, et al. Multidimensional family-centred early intervention in children with hearing loss: a conceptual model [J]. J Clin Med, 2022, 11 (6): 1548.

[18] 梁巍. 儿童听力语言障碍认识理念不同的模式与分类 [J]. 中国听力语言康复科学杂志，2016，14 (5)：390-393.

[19] 刀维洁. 听觉口语法在我国推广应用的现状与展望 [J]. 中国听力语言康复科学杂志，2020，18 (5)：325-327.

[20] 梁巍. 听障儿童亲子教学指导 [M]. 北京：北京出版社，2018.

[21] 石茂雪，雷仕林，陆艳. IFHP 模式在小龄听障儿童听力语言康复训练中的应用 [J]. 创新创业理论研究与实践，2019，2 (4)：144-146.

[22] 曹莉，杨凡云，宋蕾，等. 家庭康复模式对小龄听障儿童听觉语言能力发展的影响 [J]. 中国听力语言康复科学杂志，2017，15 (3)：209-212.

[23] 朱晓. 小龄听障儿童亲子干预模式生活课程构建与实施 [J]. 中国听力语言康复科学杂志，2020，18 (4)：305-307.

[24] 邱卓英，陈迪，祝捷. 构建基于 ICF 的功能和残疾评定的理论和方法 [J]. 中国康复理论与实践，2010，16 (7)：675-677.

［25］ MADDEN R H，BUNDY A. The ICF has made a difference to functioning and disability measurement and statistics ［J］. Disabil Rehabil，2019，41（12）：1450-1462.

［26］ 张青，武爱红，武砀，等. 基于ICF构建特殊儿童融合教育导向多元安置服务：政策和理论架构与方法体系［J］. 中国康复理论与实践，2024，30（2）：141-147.

［27］ 林桂如，洪右真，陈姵桦，等. 以家庭为中心的听觉障碍早期疗育：听觉口语法理论与实务［M］. 台湾：心理出版社，2014.

［28］ BARKER D H，QUITTNER A L，FINK N E，et al. Predicting behavior problems in deaf and hearing children：the influences of language，attention，and parent-child communication［J］. Dev Psychopathol，2009，21（2）：373-392.

［29］ AMBROSE S E，WALKER E A，UNFLAT-BERRY L M，et al. Quantity and quality of caregivers' linguistic input to 18-month and 3-year-old children who are hard of hearing［J］. Ear Hear，2015，36 Suppl 1（S1）：48S-59S.

［30］ 马燕. 游戏与儿童心理发展［J］. 牡丹江教育学院学报，2010（5）：100-101.

［31］ 朱家雄. 幼儿园课程［M］. 上海：华东师范大学出版社，2003.

［32］ 上海市中小学（幼儿园）课程改革委员会办公室. 上海市学前特殊教育课程指南［M］. 上海：上海教育出版社，2019.